MINIMA AMORALIA

Marcus Steinweg

MINIMA AMORALIA

 Matthes & Seitz Berlin

INHALT

TRAUMGESPINSTE

Versuchte man, das Charisma einer Person zu ermitteln, käme man nicht ohne Metaphysik aus. Was Bertolt Brecht an Walter Benjamin moniert, mit dem ihn eine unwahrscheinliche Freundschaft verband, war dessen Festhalten am metaphysischen oder mystischen Moment. Benjamin blieb zeit seines Lebens Metaphysiker. So metaphysikkritisch sein Denken auch ausfiel, so sehr blieb es den Anteilen am Phänomen zugewandt, die sich der Greifbarkeit entziehen. Nie war er in Versuchung, sich einem platten Positivismus anzuschließen. Sein Dinguniversum ist belebt. Es ist durchgeistigt, weil lauter Geister es bevölkern. Mit Kafka teilt er die Liebe zu Gespenstern. Allerdings zeugen die Gespenster nicht von positiver Transzendenz. Sie wohnen in den Dingen und zwischen ihnen. Und manchmal ergreifen sie vom menschlichen Subjekt Besitz, um es selbst als Gespenst erscheinen zu lassen. An ihnen ist etwas Fremdes, das sich weder verstehen noch bestreiten lässt. Georges Didi-Huberman spricht in seinem Buch zu Sandro Botticellis Venus den Entzugscharakter von dessen Bildpersonal an.[1] Wie bereits Aby Warburg bemerkt, sind die dargestellten Figuren, ob Jünglinge oder Mädchen, eigenartig abwesend. Sie sind da, ohne da zu sein, wie Gespenster. Ihre Präsenz ist zugleich Absenz. Was man ihre Gegenwart nennen kann, bleibt von einer Art Widerständigkeit bestimmt, als kehrten sie sich von uns ab. Man könnte sogar meinen, dass sie sich von sich selbst distanzieren, wie Traumgespinste, die im Moment ihres Erscheinens schon im Verschwinden begriffen sind. Didi-Huberman erkennt in dieser Präsenz-Absenz-Dialektik die gespenstische Bilddialektik schlechthin. Bilder entziehen sich als solche im Modus ihrer Vergegenwärtigung. Sie schleichen sich ins Vergessen, bevor man sie, immer unzureichend, erinnern kann. Vielleicht ist es das, was Benjamin mit der Aura im Blick hat: dieses primordiale Vergessen dessen, was nie gegenwärtig war, und die Erinnerung an es wie an etwas apriorisch Verlorenes, dem keine Trauer entsprechen kann.

GESPENSTERLÄRM

Nachdem er in einem Brief vom Januar 1914 Bertrand Russell von seiner »schrecklichen Angst« und »Depression« berichtet hat, räumt Wittgenstein ein, nie gewusst zu haben, »was es heißt, sich nur noch einen Schritt vom Wahnsinn [getrennt] zu fühlen.« Bis es schließlich doch zum Gefühl der Besserung seines Zustands kommt. »Erst seit zwei Tagen kann ich wieder die Stimme der Vernunft durch den Lärm der Gespenster hören und habe wieder angefangen zu arbeiten.«[2] Wie Kafka fühlt sich Wittgenstein von Gespenstern umfangen. Es sind die Dämonen des Wahnsinns, die an ihm zerren. Ihn weht der kalte Atem der Psychose an. Mit ihrem Eintreten würde sein Denken sich aufzulösen beginnen. Er ist Logiker, er glaubt an die Kraft des Verstands und verfügt über eine ungewöhnlich hohe Intelligenz. Etwas zugespitzt kann man sagen, dass seine Intelligenz seine Intelligenz bedroht. Hinzu kommt der Eindruck, nicht mit sich im Reinen zu sein. »Wie kann ich Logiker sein, wenn ich noch nicht Mensch bin!«[3], heißt es in einem anderen Brief an Russell um Weihnachten 1913. Bis in die Tagebuchaufzeichnungen der 1930er-Jahre festigt sich das Gefühl, an der Grenze zum Wahnsinn zu operieren. Wichtig ist, alles dafür zu tun, diese Grenze nicht fahrlässig zu überschreiten. Die gesamte Philosophie Wittgensteins liegt hier: in diesem Appell, der zunächst an ihn selbst ergeht, die Grenze zum Unaussprechlichen anzuerkennen, sich ihr zu nähern, aber sie keinesfalls zu übertreten. Daher Wittgensteins Imperativ, stehen zu bleiben, wo andere weitergehen. Erstens, weil er nicht dem sinnwidrigen Gequassel derer erliegen will, die es tun, zweitens, weil er weiß, dass in der Zone des Nichtsinns der Wahnsinn auf ihn wartet. Sein Denken resistiert sowohl dem Nichtsinn wie dem Wahnsinn. Es ist widerständig, geradezu militant in diesem Sinn.

GEWISSE LEBEN

Gewisse Leben gleichen Kurven, die sich ihrer Grenze nähern und diese Näherung ist für sie die einzig denkbare Lebensform. Es sind Leben, die im Denken aufgehen, wie dasjenige Ludwig Wittgensteins und Simone Weils. Was sie verbindet, ist eine Mathematik des Unendlichen. Sie rühren ans Unberührbare, als zeigten sie mit dem Finger des Denkens in die Leere, auf die ihr Denken ausgerichtet bleibt. Die Ausrichtung kann die Form des aporetischen Gebets annehmen oder die einer ins Ungewisse geschleuderten Hoffnung. Jedenfalls besteht ihre einzige »Bedeutung« oder »Würde«, wie George Steiner Weil betreffend sagt, »in der Niederlage«.[4] Als sei sie Indiz ihres Gelingens angesichts der Vergeblichkeit, der sie sich verschrieben haben. Wittgenstein bekennt einmal: »Ich bin zwar kein religiöser Mensch, aber ich kann nicht anders: ich sehe jedes Problem von einem religiösen Standpunkt.«[5] Das aber heißt (und dies gilt gleichermaßen für Weil): vom Standpunkt immanenter Unendlichkeit. Als bestünde der Wert des Denkens in der Prüfung seiner Grenzen = in der Erprobung seiner Unmöglichkeit.

THEATRALES DENKEN

Es gibt eine Theatralik des Denkens, die zwischen den auf seiner Bühne befindlichen Agenten nicht eindeutig zu unterscheiden erlaubt. Das sokratische Theater gewisser platonischer Dialoge lässt Sokrates bald als Wissenden, bald als Unwissenden, oft als Fragenden auftreten. Nicht immer weiß man, an wen die Fragen, die er stellt, gerichtet sind. An seine Gesprächspartner, an eine ferne Zukunft, an ihn selbst? Bei Nietzsche stößt man auf ein inszeniertes Maskenspiel, das sich in die Tiefe des Chaos bohrt, das er als dionysischen Ungrund konzipiert. Und auch Foucault und Deleuze sind theateraffine Denker, die sich dem Maskenspiel hingeben, schließlich bewegt sich alles, was sie sagen, an der Grenze zum Schein oder zur ontologischen Inkonsistenz, die weitere Namen des Chaos sind. Und Lacan? Seine exzentrischen Lehrauftritte fallen komödiantisch aus. Der ungeheure Ernst und die messerscharfe Intelligenz seiner Überlegungen kippen leicht ins Komische. Auf dem Grund des Komischen allerdings wartet oder persistiert das Reale, von dem er sagt, dass man es sich nicht einverleiben kann. Was möglich ist: es aus der Distanz des Bühnensubjekts herbeizuwinken, es also als das zu markieren, dem man sich nicht ungeschützt nähern soll. Die Bühne ist der Schutzraum, in dem verhandelt wird, was nur indirekt angesprochen werden kann, damit es, um es mit einer Formulierung Rilkes zu sagen, »gelassen verschmäht, uns zu zerstören.«[6]

IDENTITÄTSKOMÖDIE

Will man die Wahrheit eines Denkens ausmachen, genügt es, herauszufinden, in welchen Spiegel es sich verirrt. Wo sucht es sich, wo glaubt es sich zu erkennen, in welchem Identitätsspektakel bildet es sich ein, auf sich zu treffen, auf ein Selbst, das es selbst wäre, kein Gespenst also und mehr als ein Abbild? Die narzisstische Fantasie, im Draußen auf sich zu stoßen, dass da irgendwo entschieden wäre, wer man sei, generiert eine Ontologiekomödie, der sich jeder Identitarismus unterwirft, während er tragische Züge anzunehmen beginnt. Plötzlich ist alles grotesk und man findet sich in einer Geisterbahn wieder, aus der es kein Entrinnen gibt. Es ist ein Spiegelkabinett ohne Ausgang, das jedes Identitätsdenken hervorbringt. Was es sich unter sich vorstellt, hat den Charakter einer ewigen Versuchung angenommen. Das Begehren erstickt am Begehren seiner selbst (oder dessen, was der Spiegel ihm zu versprechen scheint).

SO GUT WIE BECKETT

Man kann nicht aufhören zu schreiben, weil mit allem, was geschrieben wurde, noch nichts gesagt ist. Oder nichts als nichts, weshalb alles zu sagen bleibt und Schreiben und Denken nicht aufhören. Das weiß Derrida so gut wie Beckett.

BEGRIFFSDRAMATIK

Hegel und Deleuze geben wichtige Impulse, Philosophie als Begriffsdramatik aufzufassen und zu praktizieren. Ein Begriff taucht nie isoliert auf. Er ist umstellt von Begriffen, die ihn herausfordern und über sich hinaustreiben. Plötzlich findet er sich auf der Gegenseite wieder. Das nennt man Dialektik: sich mit seinem Gegenteil zu identifizieren. Es für einen Augenblick zu tun, im Moment größter Verunsicherung = dem eigentlichen Moment des Denkens. Das Denken kommt nicht aus der Sicherheit. Es kommt aus der Hitze-Kälte-Zone eines Fiebers, das es tropisch ausfallen lässt. So kritisch Deleuze Hegel gegenüber steht, so verwandt ist er ihm. Beide sind Systematiker. Deleuze hat nie einen Hehl aus seiner Liebe zum Systematischen gemacht. Man muss ihn nur genau lesen, um zu begreifen, dass das Denken des Rhizoms ein, wenn auch systemkritisches, Systemdenken bleibt (Deleuze spricht von einem *offenen System*).[7] Dieses *Bleiben* gilt es auszuhalten. Analog zu dem, was Heidegger als metaphysikkritischer Metaphysiker tut: sich mit der Metaphysik *auseinanderzusetzen*, ohne über die geringste Garantie zu verfügen, sie je verlassen zu können. Begriffsdramatik heißt, dass man nicht weiß, wie es ausgeht, – das Denken. Es ist ergebnisoffen, noch wenn es sich einer gewissen Teleologie verschreibt, wie dasjenige Hegels. In seinen eigentlichen Momenten schäumt es über (dazu hat Jean-Luc Nancy auf das Schiller-Zitat am Ende der *Phänomenologie des Geis-*

tes anspielend Wesentliches gesagt). Es hört nicht auf, sich selbst zu überholen = sich gegen sich aufzurichten, um angesichts seiner selbst zusammenzubrechen. Es bleibt also ein Werdensprozess und existiert nur *in actu.* »Alles [Sein und Denken] befindet sich in der absoluten Unruhe des Werdens«[8], sagt Nancy Hegel paraphrasierend. Denken, das aufhört zu denken, ist keines mehr.

GRENZGÄNGER

Nie fiele es Susan Sontag ein, das Lob der Morbidität anzustimmen. Ihre Intelligenz verbietet ihr noch das der Gesundheit, da sie weiß, dass es zwingend reaktionär ausfällt. Deshalb kann sie schreiben, dass »Schriftsteller wie Kierkegaard, Nietzsche, Dostojewski, Kafka, Baudelaire – und Simone Weil – gegenwärtig [1963] gerade deshalb bei uns im Ansehen [stehen], weil ihre Werke eine Atmosphäre des Ungesunden umgibt. Gerade in diesem Ungesunden liegt ihre Gesundheit und ihre Überzeugungskraft.«[9] Was Sontag hier sagt, darf weder dem Kult der Gesundheit noch seinem Gegenteil zugeschlagen werden. Es unterminiert ihre Kultivierung wie ihre Gegensätzlichkeit. Dass die Gesundheit der Genannten im Ungesunden liegt, heißt, dass sie Grenzgänger sind. Sie assimilieren sich nicht dem Bestehenden, sondern widersetzen sich ihm. Mit fiebriger oder anorektischer Entschiedenheit gehen sie gegen die Imperative ihrer Zeit vor, seien sie kultureller, religiöser, sozialer, politischer, medizinischer oder ökonomischer Natur. Sontag erkennt die Überzeugungskraft ihrer Helden in deren Weigerung, Helden zu sein. Obwohl sie sie »Kulturheroen« nennt, insistiert sie auf ihnen als Protagonisten eines künstlerischen Extremismus, der sie der Verausgabung sowie faktischem Leid aussetzt. Natürlich ist ihr die Gefahr pathetischer Leidensstilisierung bewusst. Nur hindert sie dieses Bewusstsein nicht daran, in ihnen Grenzfiguren im bürgerlichen Sozialtheater zu sehen, die dessen Beliebigkeit unter Preisgabe ihrer Gesundheit demonstrieren. Es sind Autoren von »ätzender Originalität«, sagt sie. Ihre Nachahmer fallen hinters von ihnen Verworfene zurück. »Es gibt Leben, die einen exemplarischen Charakter haben, und solche, die ihn nicht haben; es gibt solche, die uns zur Nachahmung einladen, und solche, die wir mit einer Mischung aus Abscheu, Mitleid und Ehrfurcht aus der Distanz betrachten. Hier liegt, grob gesprochen, der Unterschied zwischen dem Helden und dem Heiligen (wenn man diesen Begriff im ästhetischen statt im religiösen Sinne gebrauchen darf).« Als herausragendes Beispiel eines solchen »Heiligenleben[s]« nennt Sontag dasjenige von Simone Weil, die in den Hungerwahn getriebene Anorektikerin, deren Denken sich am Limit seiner Möglichkeiten überschlug, ohne der Versuchung des Irrationalismus zu verfallen, ohne den geringsten Kompromiss mit der Doxa und ihrer Gesundheitsreligion einzugehen, ohne der Lüge aufzusitzen, dass das Leben umsonst sei, solange man sich endlichen Autoritäten beugt.

BALLISTIK

Dass es Denken nur als sich selbst denkendes Denken gibt, wissen wir spätestens seit Descartes. Das heißt nicht, dass es sich in der Bemühung um Gewissheit auf den Zweifel verlässt. Es muss noch den Zweifel bezweifeln, wie Wittgenstein weiß. Ein unendlich verlängerter Zweifel wäre keiner. Vor allem wird der Zweifel vom Unbezweifelten getragen oder flankiert. Ein wenig Glaube gehört noch zur rigorosesten Skepsis. Man muss sich klarmachen, dass der Glaube auf dem Zweifel ruht. Das gilt nicht nur für den religiösen Glauben; aber wer will entscheiden, ob es einen nicht-religiösen gibt? Glauben heißt bereits an der Verlässlichkeit des Glaubens zweifeln und Zweifeln heißt ahnen, dass es ohne Glauben nicht geht. Das Denken erstreckt sich in sein Jenseits. Es katapultiert sich ins Ungewisse. Bevor es dies tut, prüft es seine Mittel und die Wahrscheinlichkeit seiner Flugbahn. Es gibt es nicht, ohne eine gewisse Ballistik. Das aber heißt, dass es sich noch im selbstbewussten Flug seiner Schwerfälligkeit versichert. Grenzen überschreitet nur, wer seine Grenzen kennt.

CHAOS / PHYSIS

Was ist die Erfahrung der literarischen Moderne, zu der – neben vielen anderen – Hölderlin, Kierkegaard, Nietzsche, Mallarmé, Kafka, Proust, Joyce,

Beckett, Duras, Celan und Bachmann gehören? Ist es die Erfahrung der Unzulänglichkeit sprachlicher Mittel? Klafft da immer ein Abgrund in der Sprache, den einzuholen ihr kaum gelingt? Es sieht so aus, als rührte sie ans Unsagbare, angesichts dessen sie sich übernimmt. Giorgio Agamben macht bei Hölderlin und Kafka die Erfahrung »der Kluft zwischen Wahrheit und Mitteilbarkeit«[10] aus. Genau genommen ist, was wir Wahrheit nennen, selbst bereits diese Kluft. Jede Wahrheitsberührung kommt einer Verstörung gleich. Denn mit dem Verlust der Mitteilbarkeit steht die Existenz des Subjekts auf dem Spiel. Schließlich ist es Sprach- und Denkwesen, während es sich aufs Jenseits des Denkens bezieht und in die Sprachlosigkeit reicht. Also verbleibt es im Gestischen. Es deutet an, was es nicht versteht. Was ihm übrig bleibt, ist das Langen ins Unbestimmte, von dem es weiß, dass es alles Bestimmbare durchzieht. Wie der Atem des Nichts jegliches Seiende heimsucht, um es seiner Fragilität zu überführen, die es zu etwas Fremdem = Undeutbarem macht, so entschieden erweist sich die Selbstaffektion des Subjekts als Heteroaffektion. Sein Selbstbewusstsein ist Fremdbewusstsein. Es schwimmt nicht länger in der Welt wie in einem ihm vertrauten Gewässer. Das meint Georges Bataille mit seiner Feststellung, dass die nichtmenschlichen Tiere in ihrer Welt wie »Wasser im Wasser«[11] sind, was nicht für die Menschen gilt. Sie sind Abtrünnige, aus dem Paradies gestürzte Engel. Nichts, was sie tun, ist unschuldig. Ihr Denken, Sprechen und Handeln trägt die Spuren der Verdammnis. Wer wusste es besser als Kafka? Menschsein bedeutet, in der Welt wie in einer Fremde umherzuirren, verurteilt, aber wofür und wozu? Wenn Hölderlin von den Menschen, die er die Sterblichen nennt, sagt, dass sie ein *deutungsloses Zeichen*[12] seien, dann spricht er sie als Sprachwesen an. Sie verweisen aufs Sprach- und Deutungslose. Sie sind Zeichen in diesem Sinn. Man wird keinen Hinweis darauf finden, wofür sie Zeichen sind. Es genügt die Feststellung, dass sie Träger einer insignifikanten Leere sind, die Heidegger mit Hölderlin und Nietzsche als »Chaos«[13] adressiert. Statt das »bloß Wirre« zu sein, ist es das Anfängliche, »aus dem das Offene sich öffnet«, die nackte φύσις (physis) also, die Hölderlin heilig nennt.

KONSISTENZLÜGE

Dem Selbstverlust beizuwohnen, als ginge er einen nichts an, ist Grunderfahrung des Subjekts, sofern es sich ins Nichts seiner Subjektivität versenkt, das heißt, mit Hegel gesprochen, in die präsubjektive Substanz. Es ist das Meer der vorgeistigen Materie, in die das Bewusstsein zurücktaucht, um sich der Gefahr auszusetzen, endgültig mit ihm zu verschwimmen. Was Sigmund Freud mit dem *ozeanischen Gefühl* assoziiert, ist Ausdruck dieser Regression. Es gibt sie auch als Progression, immer dann, wenn das Subjekt seinen Grund als Abgrund erfährt, um aus dieser Erfahrung ernüchtert, erneuert, erleuchtet hervorzugehen. Man sollte diese Erfahrung nicht als Esoterik abtun. Sie ist Erfahrung aller, die eine Erfahrung machen, um ihr Selbst an ein Licht zu verlieren, das ihre Nacht zum Leuchten bringt. »Erfahrung«, schreibt Peter Sloterdijk, »ist, was eine Wendung des Subjekts gegen sich selbst bewirkt und die vernichtende Befreiung von einer Vormeinung mit sich bringt.«[14] Sie verstört und redefiniert die Ökonomie des Subjekts. Es weiß nun, auch ohne Freud gelesen zu haben, nicht bei sich zu Hause zu sein. Plötzlich begreift es sich als sein Draußen. Denken heißt jetzt, der Fremdheit mittels einer Sprache zu entsprechen, deren Gebrauch das Selbst verrät. Die Erfahrung erweist sich als Verrat, der das Subjekt zum Schauplatz seines Entgleitens macht. Und dennoch handelt es sich erst dann um eine Erfahrung, wenn sie luzide, kompromisslos, mutig ausfällt. Es gibt Menschen, die es schaffen, sich an ihrer Leere sattzusehen. Ihnen gelingt, mit der Lüge ihrer Konsistenz zu brechen, weil sie es riskieren, ohne sie zu existieren.

NICHTS RÄTSELHAFTES

Bewusstsein als Droge. Es gibt Hellsichtigkeit, die einen taumeln lässt. Wie schützt man sich vor ihr? Indem man in den Rausch flüchtet, während sie selbst einen Rausch darstellt? Es gibt das Wissen, ums bewusstseinserweiternde Wissen. Es wirkt wie eine Droge, die das Bewusstsein derart zuspitzt, dass es sich der Ohnmacht nähert oder dem Wahn. Sollten Halluzinationen wie Psychosen Strukturen sein, die das Subjekt der angsteinflößenden Wahrheit nähern, dass es keine Geheimnisse, keinerlei Dunkelheit, nichts Rätselhaftes gibt?

NICHTSELBST

Die Selbstverlängerung des Selbst aufs Nichtselbst kann Ausdruck philosophischer und literarischer Selbstbehauptung sein. Das Selbst koinzidiert mit seiner Grenze oder Verneinung. Es kongruiert mit dem, was es nicht ist. Die Kongruenz erhält die Differenz zwischen Selbst und Nichtselbst aufrecht. Allerdings ist sie unentscheidbar. Man kann sie auch unscharf nennen. Die Erfahrung dieser Unschärfe ist Selbsterfahrung eines Selbst, das im Kontakt mit sich zu zerfallen droht. Bei Kafka und Beckett, wie bei Kierkegaard und Heidegger, kann es Selbsterfahrung nur als panische geben. Das Selbst, das sich mit seiner ontologischen Inkonsistenz vermittelt, ist Subjekt der Angst. Von Angst überschwemmt büßt es sein Subjektsein ein. Man kann auch sagen, dass es zu begreifen beginnt, dass es kein Subjekt gibt, das nicht von seinem Mangel an Subjektivität heimgesucht bliebe = von der schrecklichen Ahnung, über kein stabiles Ich zu verfügen. Da ist nichts als ein Abgrund, an den zu grenzen leben heißt, weshalb zu leben bedeutet, sich mit dem Verlust seiner selbst zu arrangieren. Die Registratur dieses Arrangements findet mit den Mitteln einer Sprache statt, die nicht aufhört, sich zu misstrauen.

GEISTERREICH DER FANTASIE

Obwohl sich das Objekt des Begehrens leicht benennen lässt, ist mit dieser Benennung fast nichts über das Begehren gesagt. Hinterm Objekt, von ihm unsichtbar gemacht, persistiert, wofür es einsteht. Immer ist es Substitut dessen, was es nicht zum Verschwinden bringen kann. Indem sich das Begehren aufs Objekt richtet, öffnet es sich dem, was an ihm mehr als dieses Objekt ist. Es eröffnet den Raum der Objektlosigkeit. Man kann auch vom Geheimnis einer Dingwelt sprechen, die das Geisterreich der Fantasie ist. In ihm ist nichts greif- oder besitzbar, weshalb die Objekte als Stellvertreter der Dinge fungieren. Indem sie es tun, reißen sie das Subjekt der Begierde in die Objektwelt zurück, die die Welt vorläufiger Befriedigung oder relativer Satisfaktion genannt werden kann. Vorläufig und relativ deshalb, weil das Begehren über sie hinausschießt, um sich der Erfahrung des Unverfügbaren zu exponieren.

ENTSUBJEKTIVIERUNG

Im Meskalinrausch glaubt Henri Michaux sich der »Mathematik des Weltgeheimnisses«[15] zu nähern. Seine Drogenprotokolle überzeugen schon deshalb, weil sie keinerlei Obskurantismus implizieren. Im Gegenteil: Sie klären auf! Worüber? Über das, was man die Metaphysik des Körpers und seiner überschwänglichen Zustände nennen könnte, über die Maßlosigkeit, die ein Gefühl der Überfülle freisetzt, während sie das Subjekt einer Entsubjektivierungserfahrung aussetzt, die es zu gesteigerter Genauigkeit der Wahrnehmung zwingt, damit ihm nichts vom Nichts, das mit der Überfülle in eins fällt, entgehen möge, um sich schließlich beim Verlust seiner Sinne durch die Intensivierung ihrer Leistung als nahezu unbeteiligter Zeuge zuzusehen.

GLAUBE

Simone Weil verbindet mit Kierkegaard das Wissen, dass jedes Wissen an den Glauben grenzt. Es muss sich ausreizen, bis es kaum noch wissen kann, ob es nicht längst glaubt. Hierin liegen sein Hyperbolismus und seine Gefahr. Kierkegaard assoziiert den Glauben mit dem Absurden. Er transzendiert den Verstand und verschafft ihm durch diese Transzendenz Gültigkeit. Der Glaube ersetzt den Verstand nicht, er bestärkt ihn, indem er ihn an seine Grenze und über sie hinausführt. Natürlich handelt es sich nicht um den Glauben an eine personale Instanz. Der Glaube, notiert Kierkegaard im Tagebuch, ist, »was die Griechen den göttlichen Wahnwitz nannten.«[16] Er richtet sich auf die Leere aus, die Gott heißt. Wer aber sein Sein an der Leere misst, muss wahnsinnig sein. Es ist dieses Wahnsinnigwerden des endlichen Subjekts, das dem Unendlichen, das Glaube heißt, in seinem Leben Gültigkeit verschafft.

NOTIZ ZU KIERKEGAARD

Kierkegaard hat den (abstrakten) Begriff mit der (konkreten) Existenz kurzgeschlossen. Man könne »einen Begriff ohne die Erkenntnis haben, aber nicht die Erkenntnis ohne den Begriff«, heißt es in der Mitschrift einer Vorlesung Schellings zur *Philosophie der Offenbarung* vom Wintersemester 1841/42.[17] So sehr Kierkegaard eher Schriftsteller als Philosoph genannt werden kann (was Heidegger tatsächlich abschätzig tat, während er massiv von ihm beeinflusst blieb), so sehr stimmt das Gegenteil. Das existenzielle Denken fällt bei ihm als Begriffsdenken aus. Die Begriffe sind, wie in Hegels *Phänomenologie des Geistes*, existenziell temperiert. Sie bersten vor Vitalität und Unruhe, was nicht heißt, dass sie nicht streng im Sinne der von Kierkegaard praktizierten Vitalitäts- und Unruhedialektik sind.[18] All dies findet in den Berliner Tagebüchern in Auseinandersetzung mit dem späten Schelling statt, einem Denken, das seine ursprüngliche Leidenschaft – zumindest sieht es Kierkegaard so – verloren hat. Die Diagnose lässt sich aufs Heute übertragen. Seine Zeit sei »so erbärmlich, weil sie keine Leidenschaften hat.«[19] Während sie Leidenschaft inszeniert, um ihr nicht zu erliegen, ist sie Zeit im Zeichen ihres Verlusts.

PFEIL

Marguerite Duras assoziiert das Schreiben mit dem, was sie das »wunderbare Unglück«[20] nennt. Es besteht im Annehmen der Unlösbarkeit der Probleme, die sich in seinem Verlauf einstellen. Was man tut, ist immer unzureichend. Wenn man sich dem Abschluss eines Buchs nähert, häufen sich die Schwierigkeiten. Man hat kaum das Gefühl, mit dem Schreiben begonnen zu haben, und schon soll es zu Ende sein? Fertig vielleicht, allerdings um den Preis seiner Unabgeschlossenheit. Dasselbe gilt fürs Denken. Es bleibt unklar, wo man gerade mit seinem Denken steht, solange man sich weigert, sich mit Meinungsäußerungen zu begnügen, die infrage zu stellen Aufgabe des Denkens bleibt. Das Denken ist unterwegs zu sich. Es erreicht sich nicht oder es erreicht sich nur durch Selbstaufgabe. Man muss es sich als einen Pfeil vorstellen, der ins Nirgendwo fliegt, ohne irgendwo endgültig anzukommen. Was nicht bedeutet, dass es zu keinen Ergebnissen gelangt. Nur beruhigt es sich nicht mit ihnen. Es erschöpft sich weder im Konsens noch in der Kommunikation. Auch nicht in der Information oder dem pädagogischen Autoritarismus der Alleswisser. Eher durchbohrt es jegliche Wissenstextur, um hinter sie zu sehen. Das aber heißt, dass es dem Unbestimmten entgegenfliegt. Es tut dies ohne Pathos, obwohl es sich dem Wahn nähert = einer Intensität, die seine Kohärenz zu zerstören droht. Über das Schreiben, das Duras' Wort fürs Denken ist, sagt sie, dass sein zweifelhaftes (Un)Glück darin bestehe, »sich selbst der eigene Gegenstand des Wahns zu sein und darüber nicht wahnsinnig zu werden«. Es willigt in eine »unaufhörliche Desorientierung« ein, weshalb es alles dafür tut, nicht den Verstand zu verlieren.

WACHSEN

Immer empfängt das Schreiben seine Impulse vom Außen. Es entwickelt sich schon deshalb nicht aus einem Innen heraus, weil jedes Innen ein invertiertes Außen darstellt. Das meint Heiner Müller, wenn er sagt, dass der Text klüger als der Autor sei. Der Text weiß mehr, als der Autor wissen kann. In ihm sedimentieren sich Schichten des Außen, ohne dass dies beabsichtigt sein oder vom Autor bemerkt werden muss. Das Außen ist Material, wie Müller es nennt. Es geht in den Text ein, formt ihn. Nicht zwingend als große Fragestellung, sondern meist leiser, auch stumpfer, belangloser. Schreiben heißt, für die indifferenten Umstände seiner Existenz empfänglich zu sein. Deshalb kann Etel Adnan es ein Wachsen nennen: »Ich würde [...] sagen, dass mein Schreiben beeinflusst ist oder wächst – wie die Pflanzen wachsen – von bzw. auf dem Boden, auf dem ich lebe.«[21]

NUR EINEN SOMMER

In einer seiner Vorlesungen kommt Peter Szondi auf Hölderlins Gedicht *Die Aussicht* zu sprechen. Es sei in dessen letzten Lebenstagen (oder vielleicht doch bereits zwischen 1837 und 1839) verfasst worden. Alle »Grundmotive seiner Dichtung« versammeln sich in ihm: »das in-die-Ferne-Gehen, das Dionysische, die Leere des sengenden Sommers, der Schatten des Walds und die großen Gegensatzspannungen zwischen Natur und Geschichte, zwischen Gott und Mensch.«[22] Tatsächlich spricht Hölderlin von »des Sommers leer Gefilde«. Man begreift, dass vom Tod die Rede ist. Eine Metaphysik der Endlichkeit bricht sich Bahn. Der leere Sommer kündigt den Tod und das Ende jeder Liebe an. Für dieses eine Mal lügt der Sommer nicht. Er ist – als solcher – *immer schon* vorbei. Im Gedicht *An die Parzen* (zwischen 1996 und 1798) schreibt Hölderlin: »Nur Einen Sommer gönnt, ihr Gewaltigen! / Und einen Herbst zu reifem Gesange mir, / Daß williger mein Herz, vom süßen / Spiele gesättiget, dann mir sterbe. // Die Seele, der im Leben ihr göttlich Recht / Nicht ward, sie ruht auch drunten im Orkus nicht; / Doch ist mir einst das Heil'ge, das am / Herzen mir liegt, das Gedicht, gelungen, // Willkommen dann, o Stille der Schattenwelt! / Zufrieden bin ich, wenn auch mein Saitenspiel / Mich nicht hinab geleitet; Einmal / Lebt ich, wie Götter, und mehr bedarfs nicht.«[23]

(UN)GERETTETE ZUKUNFT

Nietzsches »eigentlicher und letzter Wille«, denke »nicht an neue Möglichkeiten der Zukunft, sondern will das ewig wiederkehrende Spiel, das die Welt des physischen Kosmos wie ein Kind mit sich selber spielt, in einer ›Zeit ohne Ziel‹«[24], meint Karl Löwith und irrt sich damit. Wie so oft – irgendwo hat es Jaspers moniert – verbleibt Löwith in der Arglosigkeit des bloß historischen Bewusstseins. Im Unterschied zu seinem Lehrer Heidegger, aber vor allem zu Nietzsche und später Deleuze, versteht er nicht, dass es Transhistorisches gibt. Es zu verstehen, kommt nicht dem Rückfall in metaphysischen Idealismus gleich. Es bedeutet, sich dem *Unzeitgemäßen* im Zeitgemäßen zu öffnen, dessen Bruchstellen. Indem Nietzsche (wie nach ihm Heidegger, Fink, Axelos, Deleuze) mit Heraklit das kosmologische Kind = das Weltspielkind ins Spiel bringt, erkennt er die Zukunft als den schon jetzt eingetretenen Bruch mit der Gegenwart und der Vergangenheit an. Löwith sieht das nicht, da er Nietzsches »ewige Wiederkehr« von Grund auf verkennt. Sie ist nicht Wiederholung des Gleichen, sondern Spiel des Selben mit sich, derart, dass es sich in ewiger Selbstverkennung ergeht und deshalb kein Ende nimmt. Was so viel heißt wie: Nur als ungerettete ist die Zukunft gerettet.

KITZEL

Dem Kitzel des Denkens kommt seine Gereiztheit durchs Subjektaußen gleich. Sie fällt nicht immer erotisch aus, aber oft tut sie es. Der Kitzel ist ein Affekt, der lustvoll wie schmerzhaft sein kann. Er ist eine Empfindung, wie der Literaturwissenschaftler Christian Metz in einer wichtigen Studie zeigt, die das Subjekt über sich hinaustreibt. »Es kitzelt, also bin ich«, ist einer ihrer Abschnitte überschrieben. Noch das cartesische Cogito ist von der Außenwelt affiziert. Es ist die Gereiztheit, die es als Selbststimulanz erfährt. Die Autoaffektion erweist sich als Heteroaffektion. Das andere ist in mir, oder: Indem ich denke, bin ich der andere in mir. Die Identität schließt sich nicht, ohne ihr Klaffen kundzutun. Im Klaffen des Selbst tut sich Andersheit oder Differenz auf. Das Selbst wird sich zum Problem oder zur Denkaufgabe, weil es sich nicht identitär schließen lässt. Noch wenn es glaubt, dass es ihm gelänge, kitzelt etwas an ihm, das es nicht in sein Selbstbild integrieren kann. Vielleicht besteht der Kitzel des Denkens darin, dass es noch im Zustand der Ruhe kitzlig bleibt = empfänglich für das, wie Metz schreibt, »Changieren zwischen Lust und Passion«[25].

INDEX

Dass jeder Wahn sich auf eine Leere richtet, ist bekannt. Dass er damit auf die Wahrheit zeigt, bedeutet, dass sie Index der Leere ist. Nichts anderes. Wo? In der Überfülle dessen, was ist. Adorno würde sagen: in der falschen Welt.

FANTASIE

Was jeder Schreibende kennt: die zitternde Macht der Fantasie. Man bewegt sich von Satz zu Satz als würde man sich beim Ertrinken zusehen. Oft weiß man kaum, ob man nicht schon ertrunken ist. Wie soll man es wissen können? Die Atemlosigkeit ist kein Beweis, dass es nicht so ist.

VERSUCHUNG

Es gibt Versuchungen, denen man erliegt, indem man ihnen widersteht.

SPINNE

Das Wort »ehrlich«, bemerkt Georg Lukács in *Die Seele und die Formen* (1911) sei »eines von Kierkegaards häufigsten Worten.«[26] Vor allem im Zusammenhang seines Bruchs mit Regine Olsen. Beim Kierkegaard-Leser Wittgenstein taucht das Wort »anständig« auf. Der Wille zur Ehrlichkeit und das Drängen zur Anständigkeit sind Appelle, die beide Philosophen an sich richten. In ihnen konzentriert sich ihre Ethik, die die Existenz des Einzelnen ins Verhältnis zum Inkommensurablen setzt. Auch Wittgenstein kennt den Sprung in den Glauben. Auch er vertraut sich einem Abgrund an. Klar ist, dass das Wort *Abgrund* Wittgensteins Tagebuchaufzeichnungen skandiert. Er schreibt: »Der Abgrund der Hoffnungslosigkeit kann sich im Leben nicht zeigen.«[27] Hätte er nicht sagen müssen: eben nur dort? Wenn der Abgrund der Hoffnungslosigkeit dem Register des Todes angehört, dann zeigt er sich den Lebenden, – nur ihnen, wem sonst? Er zeigt sich, im Sinne des Zeigens, von dem Wittgenstein im *Tractatus* spricht. Als das Mystische öffnet er sich im Lebensraum des Subjekts. Er tut es nicht als Tatsache. Eher droht er die Tatsachenwelt zu zerstören. Über dem Abgrund spannt sich das Netz der Lebenden auf. Analog zu Heideggers Nomenklatur lässt sich der Konnex von Abgrund, Tod und Nichts kaum leugnen. Wittgenstein bewegt sich in diesem Umkreis. Sein Denken rührt an dasjenige Heideggers, sobald das Nichts ins Spiel kommt, die Verbergung, der Entzug. Im Gespräch mit Vertretern des Wiener Kreises vom 30. Dezember 1929 (zur Zeit seines Ethik-Vortrags) drückt Wittgenstein Verständnis für Heideggers Begriff der Angst aus. Angesichts des Nichts überkommt den Menschen Angst. Nicht Furcht, die ein definierbares Objekt kennt, sondern Angst, durch die das objektlose Nichts das Subjekt erreicht. Wüste, deren Inkommensurabilität ihm die Sprache verschlägt. Dennoch behauptet Wittgenstein, dass der Abgrund der Hoffnungslosigkeit sich nicht im Leben zeigt. Handelt es sich um eine Latenz? Bei Hölderlin reichen die Menschen (»Sterblichen«) an den Abgrund, den »Gottes Fehl« als Quell möglicher Hoffnung verspricht. Sie widerstehen ihm auch. Kafkas Feststellung, es gebe unendlich viel Hoffnung, nur nicht für uns, kommt dem nah. Kafka, Wittgenstein und Heidegger verbindet die Lektüre Kierkegaards, dem Existenztheoretiker der Angst. Es geht um abgründige Tiefe. In der für ihn typischen Form der Selbstadressierung notiert Wittgenstein: »Du hängst zitternd, mit allem was du hast, über dem Abgrund.« Wie eine in der Leere baumelnde Spinne, die kaum wissen kann, ob der Faden, der sie mit dem Netz verbindet, halten wird.

FREIHEIT IN ACTU

Besser man sucht sich in der Zukunft, statt in der Vergangenheit. Die Rückwendung zu den Ursprüngen riskiert nicht nur ihre Verfehlung, sie impliziert eine Art selbstpolitischer Reaktion. Man macht sich zum Opfer des Vergangenen, um Opfer des Heute bleiben zu können. Eine progressive oder links ausgerichtete Politik des Selbst öffnet sich dem Unbestimmtheitsraum der Zukunft, statt sich an Vergangenheitsattrappen zu verlieren.[28] Sie weiß, dass das Selbst zwar vom Vergangenen bzw. Erlebten konturiert bleibt, sich aber als freies erst durch Resistenz gegenüber seiner objektiven Unfreiheit realisiert. Diese Realisation ist nie abgeschlossen. Eben das heißt Freiheit: dass sie *in actu* bleibt, als unvollendetes Projekt. Sie impliziert den unwiderruflichen Verlust der Ursprünge. Oder, um es mit Hans Blumenberg zu sagen: »Die Quellen sind immer verloren, liegen immer im Rücken der Geschichte.«[29] Was nicht bedeutet, dass sie ohne Wirkungsmacht sind. Subjektwerden heißt, sich ihrer Wirkungsmacht maximal zu entziehen.

HYPTNOTISCH

Das Denken gewisser Denker kann hypnotisch wirken. Ihre Texte entfalten eine Sogwirkung. Sie rauben einem den Verstand. Bedeutende Passagen aus Hegels Werk gehören dazu. Plötzlich findet man sich einer Turbulenz ausgesetzt, die das Herz schneller schlagen lässt. Man ist in die Unruhe des Denkens versetzt. Zwar versteht man nicht alles Gelesene, aber man begreift, dass es Ungeheures zu denken gibt. Mit Kants Hume-Erlebnis kann man sagen, dass das Lesen dieser Texte einen aus dem *dogmatischen Schlummer* reißt. Denn es fällt mit der Durchlöcherung jeglicher Dogmatik in eins. Zu Hegel meint Eugen Fink, dass er »keine Konzessionen an die allgemeine Schläfrigkeit des Denkens« mache. Er verlange »schärfste Konzentration«.[30] Die Leser werden in eine Denkdynamik gerissen, die Werdensdynamik genannt werden kann. Sie kommen nicht zur Ruhe. Hypnotisch wirkt Hegel nicht, weil er zum Schlaf (ὕπνος) ermutigt, sondern weil sein Denken den Schlaf der Vernunft durch monströsen Vernunftgebrauch unterbricht. Wer will, kann auch von Vernunftmissbrauch sprechen, solange man berücksichtigt, dass die Vernunft spätestens seit Kant das Vermögen eines gewissen Selbstmissbrauchs darstellt. Immer katapultiert sie sich in ihr Jenseits. Nie ist sie mit sich im Reinen. Noch dann, wenn sie den Anschein erweckt, ihren Zielort erreicht zu haben, bleibt sie von Turbulenzen heimgesucht, die ihre Unruhe steigern, um das Subjekt der Erfahrung des Unerfahrbaren zu exponieren.

SEHEN DES UNSICHTBAREN

Das Unsichtbare im Sichtbaren zu sehen: diese Aufgabe teilen sich Poesie und Philosophie. Für Viele ist diese Feststellung ein bereits zu poetischer und philosophischer Satz. Der Verdacht kommt auf, es handele sich um Realitätsflucht. Dabei sind es die ewig Misstrauischen, die sich an die sichtbare Realität klammern, als gäbe sie keinerlei Unsichtbares zu sehen. Das Sehen des Unsichtbaren findet mit blinden Augen statt. Nur weiß man längst, sofern man sich diesem Wissen nicht verschließt, dass Blindheit sehend macht. Das Denken Nietzsches ist beispielhaft dafür. Es schließt die Tradition der Aufklärung mit dem Prinzip der Kontingenz kurz. Aufklärung erweist sich als Aufklärung über die kontingenten Anteile unserer Realitätskonstruktion. Man kann auch, wie Gilles Deleuze es tut, von »kleinen stillen

Ereignisse[n]«[31] sprechen, die sich hinter den »lauten Ereignissen« bemerkbar machen. Man muss nur ein wenig genauer hinsehen, um empfänglich für sie zu sein. Diese Empfänglichkeit ist ein anderer Name des Denkens, ob es philosophisch oder poetisch ausfällt. In Wahrheit ist es immer beides in einem: Poesie und Philosophie, was Deleuze dazu bringt, vom »Poetischen hinter dem Historischen« zu sprechen. Schließlich geht es um nicht weniger als um »eine Neuinterpretation der Welt«. Sich dieser Neuinterpretation widmen heißt in ihre Veränderung einwilligen. Dazu ist es notwendig, eine Reihe kollektiver Phantasmen zu zerstören. Es geht darum, mit den Stereotypen zu brechen, ohne sich der Illusion hinzugeben, man betrete damit das Land der Wahrheit. Denn dieses Land existiert nicht. Es ist unbetretbar. Doch als unbetretbares und inexistentes bleibt es Zielpunkt jeden Denkens sowie noch der kritischsten Poesie.

BEIDES IN EINEM

Bataille ist sich der Unverzichtbarkeit der Dramatisierung der eigenen Existenz bewusst. Nur soll sie lachend ausfallen. Es wäre zu komisch, mündete sie nicht im Gelächter über sich. Wie soll man sich nicht über Menschen, die sich ernst nehmen, belustigen? Man lacht dabei über sich. Noch der Verzicht auf Selbstdramatisierung grenzt an Lächerlichkeit. Wie jeder Verzicht. Schließlich sind Asketen Pathetiker, die exakt zu genießen verstehen (was sie ungern hören). Es gibt keine Möglichkeit, zwischen Indifferenz und dramatischer Selbststilisierung zu wählen, weil das Drama in der Unmöglichkeit, nicht beides in einem zu bejahen, besteht.

TRAURIGE METAMORPHOSE

Zu den traurigen Metamorphosen zählt der Rückfall der Vernunft in ihren vorkritischen Zustand. Er sieht wie lasche Regression aus. Und das ist er auch. Das Subjekt fällt in die differenzlose Substanz zurück, um es mit Hegel zu sagen. Es opfert seinen Verstand = sein kritisches Vermögen zugunsten wabernder Empfindsamkeit. Der Geist geht flöten. Weil es so ist, fehlt das Kriterium, zwischen kritischer Sensibilität und unkritischem Sensibilismus = Narzissmus zu differenzieren. Mit dem Geist geht die Urteilskraft verloren. An ihre Stelle tritt Gefühlstrompeterei. Sie ist alles andere als sympathetisch. Sie ist auch nicht empathisch, obwohl sie im Namen angeblich selbstvergessener Einfühlung agiert, während sich durch sie apolitischer Intelligenzverzicht ausdrückt = der Verlust der analytischen Sensibilität, die sie nie besaß.

MIT UND OHNE BLUMENBERG

Es stimmt, dass Nietzsche den Begriff der Wahrheit zunächst auf die »bloße Bedeutung von ›Wahrhaftigkeit‹«[32] reduziert, wie Hans Blumenberg anmerkt. Was auch stimmt, ist, dass die Wahrhaftigkeit im Sinne Nietzsches, Öffnung auf Wahrheit verlangt = auf das, was sich dem Selbst- und Weltbild sperrt.

METAPHOROLOGIE

Was die Griechen den *Logos* (λόγος) nannten, wird im Deutschen mit *Rede* oder *Vernunft* übersetzt. Der Logos ist das Rede- und Vernunft- sowie auch Sinnvermögen. Einer berühmten Formulierung des Aristoteles nach, ist der Mensch das ζῷον λογικόν bzw. ζῷον λόγον ἔχον = das Lebewesen, das den Logos hat, also über Sprache verfügt.[33] Er ist dieses seltsame Tier, das denken und sprechen kann. Seine Denk- und Sprechpraxis ist ein λέγειν, das heißt ein Sammeln und Versammeln, wie Heidegger hervorgehoben hat. Im Logos sammeln und konstituieren sich Sinn und Bedeutung = Wissen und Sprache, man kann auch sagen, das, was Jacques Lacan die *symbolische Ordnung* nennt. Sie ist der Raum der Kommunikation und Verständigung = der gesellschaftliche oder öffentliche Raum. Wittgenstein spricht analog dazu von *Sprachspielen* und *Lebensformen*, in die das denkende Tier, das der Mensch ist, eingebettet bleibt.

Sie sind sein *Bezugssystem* = der Rahmen, aus dem besten- oder schlimmstenfalls nur der Wahnsinnige fällt. Auch Agamben weiß, dass das »Gebäude des westlichen Wissens«[34] zwar über eine gewisse Konsistenz im kontinuierlichen Umbau verfügt, es aber letzter Konsistenz entbehrt. Es steht nicht auf einem ihm voraufgehenden festen Grund. Der Logos mag in den Mythos zurückreichen, aber er tut es, indem er in einen Abgrund reicht. Der »Ursprung« des Ursprungs ist keiner. Man kann auch vom gespaltenen Ursprung sprechen oder von der »Ursprungsprothese«, wie Derrida es tut. Mit Benjamin spricht Derrida zudem vom »mystischen Grund der Autorität«. Man hat es mit einer schwebenden Architektur zu tun, die aus dem Logos und den Menschen, die ihn haben, Flugkörper macht. Wenn man wissen will, was Philosophie ist, die sich ihren Ursprüngen zukehrt, muss man sich einer ontologischen Aeronautik nähern. Zumindest kommt man um eine Metaphorologie des Schwebens oder Fliegens nicht herum.

NOTIZ ZU NIETZSCHE

Georg Simmel hält Nietzsche vor, sich als Immoralisten zu bezeichnen, denn das sei er nicht. Er stelle sich nur gegen »die *gerade jetzt herrschende* Moral«[35] = gegen das Christentum und seine Werte, um einer höheren Moral Platz zu schaffen = einer Moral, die nach oben, statt nach unten strebt. Nietzsche bekämpft die Mittelmäßigkeit. Heute ist jedem klar, wie gefährlich ein solches Denken sein kann, da es leicht in sein Gegenteil umschlägt: in die Anbetung von Brutalität und Vulgarität. Man habe Nietzsche erst dann gelesen, wenn man zu jedem seiner Sätze einen ihm gegenläufigen Satz in seinem Werk ausmacht, hat Karl Jaspers gesagt. Vielleicht ist diese Gegenläufigkeit oder Gegenwendigkeit, wie Heidegger sagen würde, das eigentliche Erbe Nietzsches: die Insistenz darauf, dass man es sich mit dem Denken nicht so einfach machen kann, wie die Art von Weltvereinfachern, die ohne Widersprüchlichkeit der eigenen Position auszukommen meinen. Vielleicht ist Nietzsche mit Heraklit, auf den er sich beruft, vor allem der Denker irreduzibler Widersprüchlichkeit oder Differenz, wie es die französische Differenzphilosophie (Blanchot, Klossowski, Foucault, Deleuze, Derrida etc.) nahelegt. Seine Moral wäre Moral der Differenz = ihrer Anerkennung. Sie wäre keinerlei Nationalismus, Antisemitismus oder Rassismus assimilierbar. Keinerlei Identitarismus tout court. Im Gegenteil: Sie widersetzte sich ihnen! Nietzsches Goethe-Liebe fällt kosmopolitisch aus. Er ist inklusiv, statt exklusiv. Dennoch weist seine Inklusion aristokratische Züge auf, deren Missverständnis fatal sein kann. Man muss sich Nietzsche als einen Immoralisten vorstellen, dessen Moral in der Bejahung eines Besseren jenseits jeder Moral liegt und deshalb nur in der Zukunft liegen kann.

TROST

Dass es bei Kafka, wie Slavoj Žižek behauptet, um »das Schicksal des Individuums in der spätbürgerlichen totalitären Bürokratie«[36] geht, stimmt und stimmt nicht. Würde es einzig und vor allem darum gehen, wäre Kafka nicht der Schriftsteller, der er ist. Natürlich geht es, unter anderem, um totalitäre Bürokratie. Um was es allerdings mehr geht, ist, was man Kafkas spezifische Ontotopologie der menschlichen Existenz nennen kann. Sie findet sich im Zustand durch nichts zu überwindender Vergeblichkeit. Es handelt sich um eine unlösbare Aporie. Unlösbar, nicht weil es keinerlei Lösungen gibt, sondern weil die Lösungen nicht die geringste Erlösung von der Vergeblichkeit in Aussicht stellen. Kafkas Lösungen zersetzen das Vertrauen auf finales Gerettetsein. Es gibt keine Rettung. Der einzige Trost besteht darin, sich der Vergeblichkeit und Aporie als den apodiktischen Gewissheiten seines Lebens humorvoll anzuvertrauen.

DENKSPIEL

Man könnte von einem Vitalismus des Begriffs sprechen. In Bezug auf Deleuze, aber auch über ihn hinaus. Denn dieser Vitalismus ist auch bei Hegel anzutreffen. Die Arbeit des Begriffs ist spielerischer, als man es wahrnehmen will. Es gibt bei Hegel eine Koinzidenz von Arbeit und Spiel, weshalb es falsch ist, sie als gegenteilig aufzufassen. Arbeit = Spiel: So könnte eine Formel lauten, die Hegels Denken charakterisiert. Der nächstliegende Einwand ist, dass Hegel mit geringem Einsatz spielt, dass er nichts wirklich riskiert. Das ist die gängige Lesart. Sie reduziert Hegel auf den Status eines Begriffsmechanikers. Und natürlich ist viel Mechanik bei ihm am Werk. Doch das Werk selbst, in seiner brüchigen Totalität, gleicht einem Spiel, dessen letzte Begründung ausbleibt. Es kann sich nicht aus sich heraus begründen, was nicht bedeutet, dass es der Regelhaftigkeit und Konsistenz entbehrt. Wie Wittgensteins Sprachspiel ist das Hegelsche Denkspiel, in welcher Systemausprägung auch immer (wie man weiß, wechseln sie), eine Art freischwebender Architektur. Es ist Produkt einer verrücktspielenden Mechanik, die sich fortlaufend durch ihren Gebrauch selbst bedroht.

SO VIELE GESPENSTER

Identitätszersetzung als Leistung der Kunst, – in diese Richtung denkt mit Nietzsche Adorno, aber auch Heiner Müller im Gespräch mit Alexander Kluge. Es gelte, Chaos ins Identitäre zu bringen: »Was Kunst vermag, ist [die] Illusion personaler Identität zu zerstören.«[37] Müller verbindet es mit Beckett, der von Joyce herkommt. Die Fiktion des stabilen Selbst gerät ins Wanken. Der Bewusstseinsstrom kennt kein Ufer mehr. Es ist ein kontinuierliches Ausufern, das die Reflexion des Subjekts ausmacht. Es ist schiffbrüchig im Verhältnis zu sich, sowie zum Meer, das es umgrenzt, um es zu entgrenzen, bis es nur noch ein Niemand ist, das dem Zyklopen als niemand entweichen kann. Müller spricht von »Becketts Rückzug aus der Sprache als Mitteilung«. Die Sprache hört auf, Kommunikation zu sein. Sie ist nicht Medium der Verständigung, sondern Mittel zum Krieg. Doch richtet sich dieser Krieg nicht primär nach außen. Er tobt im Bewusstsein als Konflikt des Subjekts mit dem, was es zu sein meint, mit seinen Verdopplungen, Vervielfachungen = mit allen Replikaten, die namenlose Gespenster im Theater seiner Selbstvergegenwärtigung sind. So viele Gespenster. Zu viele. Welche Sprache und Syntax können dem Ansturm dieses Zuviel standhalten? Die Reflexion erweist sich als destabilisierend. Im Spiegel zerfällt das Selbst, nichts von ihm hat Bestand, obwohl da immer noch die Bilder sind, die er ihm von sich zurückwirft, damit es sich in ihnen verirren kann.

VITALISMUS

Oft wird der Vitalismus des deleuzianischen Denkens kritisiert. Als hätte er auf diese Kritik nicht a priori geantwortet. Wie alle wichtigen Denker gibt er Antworten auf Fragen, bevor sie gestellt worden sind. In Bezug auf Nietzsche und Spinoza wendet sein Denken sich gegen den Hass und die ihn flankierende Thanatophilie. Es ist lebensbejahend in diesem Sinn. Der »Haß«, schreibt er, »ist gegen alles, was im Leben aktiv und bejahend ist, gegen das Leben schlechthin.«[38] Ein Lob der Aktivität also und der Bejahung zugunsten des Lebens und der Freude. Nichts daran ist naiv. Es kostet schlicht mehr Kraft, sich nicht ins Ressentiment und den Hass zu werfen, wie es die reaktiven Subjekte tun, die kaum Subjekte sein wollen. Eher ziehen sie es vor, sich als Realitätsopfer zu inszenieren. Gegen diesen weinerlichen und selbstgerechten Gestus steht Nietzsches Denken auf, um an Erwachsensein und Verantwortung zu appellieren. Dass es die Figur des Kindes in sein Zentrum rückt, stellt dazu keinen Widerspruch dar. Im Gegenteil. Das Kind konnotiert Nietzsche mit der Unschuld des Werdens und dessen Affirmation. Es widersteht der Versuchung zur Selbstviktimisierung und routinierten sowie manipulativen Larmoyanz. Deleuzes Vitalismus ist verantwortliche Freiheitsbejahung, sosehr er sowohl den Begriff der Freiheit als auch denjenigen der Verantwortung infrage stellt. Dass er es tut, heißt nicht, dass sie nicht existieren. Ohnehin insistiert er darauf, dass es im Denken um die Bejahung der Kontingenz und des Unmöglichen geht.

HARMLOSIGKEITSMANAGEMENT

Die literarische Moderne setzt die Identität von Kunst und Leben ins Werk. Statt aus sicherem Abstand mit den Schrecken unkontrollierbarer Vitalität zu kokettieren, ebnet sie ihr den Weg in die Form. Dasselbe gilt für die moderne Musik. Das Projekt der Avantgarden läuft auf die Affirmation der Grausamkeit des Lebens hinaus. Es markiert die Zerrissenheit des Subjekts, indem es ihr Form verleiht. Ob durch Dissonanz, Diskontinuität oder integrales Verstummen, immer wird der Wildheit und Lebendigkeit gehuldigt, da sie in Kontakt zum dionysischen Rausch stehen, der fürs Chaos oder die Zersetzung aller Realitäten steht. Susan Sontags Apologie der Moderne (Benjamin, Artaud, Weil, Leiris, Genet, Cioran, Beckett, Canetti etc.) fällt ideologiekritisch aus, ohne zu verkennen, dass die Moderne selbst eine Ideologie darstellt. Es ist die Ideologie ungebremster ästhetischer Radikalität, die sich in bestimmten Fällen in Selbstironie rettet, um ihr Bewusstsein davon zu demonstrieren, *fast* das Falsche zu tun. Das ist immer noch besser als selbstverordnete Harmlosigkeit, wie sie heute den Kulturbetrieb dominiert. Sontag kann weder mit Korrektheit noch mit opportunistischem Kulturspießertum das Geringste anfangen. Ihr gesamtes Werk sträubt sich gegen Lieblichkeit. Ein Beispiel dafür ist ihre Verwerfung Ionescos. Er habe nicht den Mut, sich dem Schrecklichen formästhetisch zu stellen. Deshalb delegiert sie ihn in die zweite Reihe. Mit den Autoren der Moderne verbindet ihn bestenfalls, verharmlosender Abklatsch ihrer Radikalität zu sein. Alles fällt hübsch bei ihm aus, selbst das Absurde. Mit »marktläufigen Klischees der Kulturdiagnose«[39] mache er es sich im kulturindustriellen Milieu bequem. Es ist, als antizipiere er ohne kritische Reflexion, was im heutigen Harmlosigkeitsmanagement kapitalismuskonform mit gutem pseudolinken Gewissen als Kunst firmiert, unter der Bedingung, sich irgendwie *politisch* zu etikettieren.

SAURE MILCH

Jede philosophische Position weist die Fragilität auf, die sie ihrem Gegenteil annähert: der Vagheit, dem Stereotyp, der Doxa, das heißt der Macht. Was sich mit der Doxa zur Macht verhilft, ist nichts anderes als der Denkverzicht. Die Doxa ist das Aufatmen des Denkens, bevor es begonnen hat. Sie ist, wie jede Idylle, falscher Friede. Ihr Angebot besteht darin, sich dem Denkverzicht widerstandslos anzuschließen, weshalb sie als Versprechen der Ruhe, ja paradiesischer Konfliktlosigkeit auftritt. Ihr Erfolg beruht auf diesem Versprechen und der Verführungskraft, die es darstellt. Dagegen heißt Denken, ins Paradies einzubrechen, um seine Lügenhaftigkeit zu demonstrieren. Daher die Unbeliebtheit der Philosophie: Sie nimmt einem nicht nur die Illusionen; indem sie es tut, raubt sie den von ihr Heimgesuchten die Art von Schlaf, die Kant mit Blick auf Hume den *dogmatischen Schlummer* nannte. Das macht aus ihr eine kritische Operation, – dieser unnachgiebige Schlafentzug. Sie bricht mit der Macht der kursierenden Meinungen, doch indem sie es tut, riskiert sie selbst, zur Meinung zu erstarren. Dann wirft sie sich in die rebellische Pose angeblichen Aufgeklärts-eins, um eine eigene Dogmatik und Pädagogik zu generieren. Um dies zu verhindern, muss sie gegen sich selbst denken lernen. Sie muss begreifen, dass Denken Weiterdenken heißt, statt Machtübernahme. Sobald es sich in sich einzurichten beginnt, kippt es ins Ungenießbare, wie saure Milch. Wenn es etwas gibt, was das Denken von sich aus bedroht, ist es sein Hang zur Selbstgerechtigkeit.

NOTIZ ZU HANDKE

Dass man im »Gehen und Schreiben«[40] hausen könne, kommt dem Spaziergänger Handke selbst-verständlich vor. Selbstverständlich, vor allem für ihn. Nicht nur die Reisen und Spaziergänge, auch das Schreiben kommt einem Wohnen gleich. Nur handelt es sich nicht um ein Wohnen an einem fixen Ort. Es ist Wohnen von Ort zu Ort. Wohnen *in actu* oder dynamisches Wohnen, dessen Bewegtheit den Wohnenden ins Unbekannte führt. Handkes Erzäh-len exemplifiziert dieses Wohnen im Schreiben und Gehen, bevor er sich in Chaville niederlässt. Kei-ner seiner Texte, der nicht (implizit) die Frage des Schreibens aufwirft, was es sei, im Verhältnis zur Welt. Immer ist es ein Aufmerken = sorgfältige Registratur des in ihr Geschehenden. Zugleich ent-zieht es sich ihr. Doch dieser Entzug kommt kei-ner Weltflucht gleich. Das aufmerkende Schreiben zeichnet die Linien des Wahrgenommenen nach.

So gleicht es Cézannes *réalisation*. Es eröffnet einen Parallelismus. Die Welt findet ihr Äquivalent in der Sprache. Nie wird sie in ihr eingesperrt. Im Schreiben hausen heißt die Welt als Schreibender bewohnen. Achtsam im Sprachgebrauch und gegenüber dem Weltgeschehen.

SELBSTEXPOSITION

Mit und ohne Kant kann Heidegger behaupten: »Die Metaphysik gehört zur Natur des Menschen.«[41] Was Natur heißt, bleibt für ihn selbst im Dunkeln. *Natura* oder *essentia* übersetzt man als das Wesen. Zum Wesen des Menschen soll folglich die Metaphysik gehören. Doch sobald Heidegger vom Wesen spricht, ist die Wesenslosigkeit im Spiel. Schließlich ist der Mensch ein Wesen ohne Wesen. Er ist offen auf seine Wesenslosigkeit, ein im Sinne des Nietzsche-Wortes *nicht festgestelltes Tier*. Nicht festgestellt heißt hier: nicht ein für alle Mal bestimmt, definiert bzw. fixiert. Eben hierin liegt die Metaphysizität des menschlichen Tieres: nichts als Selbsttranszendenz zu sein. Der Mensch greift über sich hinaus. Über seine Erkenntniskapazitäten sowie über seinen aktuellen Seinsstatus. Er ist, was offen ist für das, was er nicht ist = das *Ist* dieser Offenheit. Heidegger konzipiert ihn als Ort oder Lichtungsstätte, bereit, das Sein zu empfangen. Metaphysik als *Naturanlage*, wie Kant sagt, meint, dass zum Menschen die Empfänglichkeit fürs Kolossale oder Sublime gehört, kurz für das, was sein Verstehen mittels Kategorien übersteigt. Deshalb ist es sinnlos, die Metaphysik irgendeiner dunklen Vergangenheit zuzuordnen, da selbst diese Zuordnung von ihr heimgesucht bleibt. Sie lässt sich nicht überwinden, denkt Heidegger, nur *verwinden*, in der *Auseinandersetzung* mit ihr.[42] Es ist diese Auseinandersetzung, die Heidegger Denken nennt, diesen unabschließbaren Prozess der Selbstexposition des Menschen demgegenüber, was ihn unendlich übersteigt.

ZEITGENOSSEN

Es gibt eine Zeitgenossenschaft im Denken, die seine historische Konditionierung überfliegt. Sie versammelt das Denken so unterschiedlicher Figuren wie Anaxagoras, Seneca, Augustinus, Thomas von Aquin, Spinoza, Nietzsche, Heidegger, Wittgenstein, Weil, Deleuze, Cavell etc., ohne ihre Differenzen zu bestreiten, auf demselben Plateau. Sie bringt sie dort erst zur Geltung. Zugleich lässt sie jede von ihnen über ihre historische Wirklichkeit hinaus transhistorisch erscheinen. Der Gedanke überfliegt seine Herkunft. Philosophen kommunizieren über große historische Distanzen miteinander, als fänden sie sich im Hier-und-Jetzt vereint. Warum sollte Hegel kein Zeitgenosse sein? Hans-Georg Gadamer berichtet von Heideggers Marburger Aristoteles-Vorlesung und schreibt »von der Entschlossenheit eines Denkers, der Heute und Damals, Zukunft und griechische Philosophie in eines schaute.«[43] Dermaßen präsent wurde das Denken der Griechen und des Deutschen Idealismus von Schelling und Hegel in Heideggers Lehre, dermaßen zeitgenössisch und dringlich. Von Zeitgenossenschaft und Dringlichkeit zeugt jedes Denken, das sich nicht in der Registratur seiner Gegenwart erschöpft, obwohl es immer auch eine solche Registratur darstellt: «*ihre Zeit in Gedanken erfaßt*«[44], wie Hegel konstatiert. Darüber hinaus hat Philosophie eine universelle Dimension, die sie erst zur Philosophie macht, sie also dem Journalismus enthebt. Deshalb ist es kein Zufall, dass Alain Badiou in seinem *Die Begründung des Universalismus* untertitelten Paulus-Buch über Pier Paolo Pasolini, den er einen der »größten Dichter unserer Zeit« nennt, schreibt, dass er das Ziel verfolgt habe, »aus Paulus einen Zeitgenossen zu machen, ohne irgendetwas an seinen Aussagen zu ändern.«[45] Es geht darum, in der Buchstäblichkeit eines Textes seine Aktualität und Brisanz auszumachen, statt ihn dem Zeitgeist entsprechend zu adaptieren. Die Zeitgenossenschaft des Denkens liegt in seiner Kraft, über Jahrhunderte hinweg direkt zu uns zu sprechen. Deshalb kann sich Giorgio Agamben in seinen Überlegungen zum Zeitgenössischen auf Michel Foucaults Aussage berufen, dessen historische Untersuchungen beträfen, mehr noch als das Vergangene, die Gegenwart, er sei Historiker des Heute[46], da doch Denken nichts anderes heißt, als die Geschichte des Denkens zugunsten einer Aufklärung der Gegenwart und – wenn es nicht zu verrückt klingt – auch der Zukunft zu examinieren.

Ist es ausgemacht, dass der »Überschuss an Klarheit«[47], den die analytische Kur Élisabeth Roudinesco zufolge erwirkt, mit diesem Überschuss nicht eine erneute Destabilisierung des Analysanden provoziert? Schließlich ging es ihm im Halbdunkel seiner neurotischen, paranoischen, hysterischen etc. Disposition nicht so schlecht, wie es zu erwarten ist, sobald er ins klinische Licht der psychotischen Wahrheit tritt. Hier gibt es keine Wände und Schutzräume mehr. Im voll ausgeleuchteten Wahrheitsraum wird er ohne ein paar Tricks und Fiktionen nicht bestehen können. Er fällt leicht in die Ohnmacht zurück, von der er sich gerade zu lösen begann. Allerdings ist es nicht dieselbe Ohnmacht. Es ist nun die Ohnmacht desjenigen, der mit roten Augen ins Nichts ihrer Alternativlosigkeit blickt. Vielleicht spricht Roudinesco deshalb von Überschuss. Das Zuviel an Klarheit dementiert die errungene Klarheit, weil sich der Analysand mit ihm erneut einer Überforderung exponiert sieht, die er nur um den Preis ihrer Dämpfung parieren kann. Natürlich ist dies sehr allgemein gesprochen. Warum dennoch diese Verallgemeinerung riskieren? Weil sich hier, wie überall, wo es um die unerreichbare Wahrheit geht, die Schlange in den Schwanz beißt. Sie schließt sich mit sich kurz, indem sie sich zu verschlingen beginnt. Weshalb festzuhalten ist, dass das Produkt der Kur ein getötetes Selbst ist, das fortan um seinen Kadaver schleicht, um sich mit seinem Tod zu arrangieren. Im Überschuss an Klarheit verdunkelt sich, was er in die Sichtbarkeit hob. Es stellt sich Reue ein. Mit dem hyperbolischen Zuwachs an Licht ist die Zuflucht zur alten Ohnmacht verloren gegangen. Die neue Ohnmacht, die an deren Stelle tritt, lässt einen kalt und verloren zurück. Das Subjekt ist sich zu nahegetreten, um sich wieder loswerden zu können. Sein vormaliges Pathos weicht arktischen Temperaturen. Nichts fühlt sich kälter an, als irreversibel bei sich zu sein.

NICHT HEROISCHES SCHREIBEN

Vielleicht heißt Schreiben Weiterschreiben, damit das letzte Wort im Kommen bleibt, als dasjenige, dem man unmöglich vertraut. Das ganze Vertrauen richtet sich darauf, dass es aufgeschoben bleibt, denn mit ihm stürzte das Denken in den Tod. Roland Barthes ist sich darüber im Klaren, dass, wer das *letzte Wort* für sich beansprucht, die Position des Helden für sich reklamiert.[48] Es gibt keinen nicht thanatophilen Heroismus. Er fällt immer todesverliebt aus, also peinlich. Gegen diese Peinlichkeit schreibt das Schreiben an, das vom letzten Wort nichts wissen will, weil es sich auf der Seite des Lebens weiß, ohne seine Endlichkeit zu bestreiten oder das, was Barthes seine Körperlichkeit nennt.

FÜSSE

Wenn, statt unter den Schritten der Boden, die Füße, die auf ihm laufen, zu reißen beginnen, keimt Hoffnung auf, nicht mehr gehen zu müssen, weil man nur noch fliegen kann.

VERWEIGERTE SCHLÄFRIGKEIT

Denken heißt, nicht mit dem Denken aufzuhören, weshalb Heidegger meint, dass zu ihm ein immer »neues Wachwerden«[49] gehört. Es ist Synonym verweigerter Schläfrigkeit. Im Erbe der *Aufklärung* oder *Enlightenment* oder *Les lumières* genannten Denkbewegungen steckt die Weigerung, sich der Autorität des Zeitgeists wie sämtlicher Autoritäten durch gesteigerte Wachsamkeit zu entziehen. Und dieser Wachsamkeit entspricht obstinate Luzidität. Dem Obskurantismus des Nichtdenkens soll mit Klarheit geantwortet werden, mit einem Denken also, das Licht in die etablierten Verhältnisse bringt. Licht, das sich noch auf sich selbst richten muss, um seine ideologischen Prämissen auszuleuchten = all das, was es zum Komplizen des Denkverzichts macht, dem es sich immer unzureichend widersetzt.

FEUERBACH

Man kann den Philosophen als »*Purgatorium* der Gegenwart«[50] auffassen, wenn man Ludwig Feuerbach heißt. Die Vorstellung, dass das Denken seiner Zeit durchs Fegefeuer muss, um sich durch Selbstverbrennung zu läutern = sich zu erneuern, ist mehr als sein Privatphantasma. In jedem Denken, das zählt, steckt der Wunsch, von vorne zu beginnen = reinen Tisch zu machen. Das war Heidegger so klar wie Benjamin mit seiner Idee vom *destruktiven Charakter.* Obwohl Feuerbach das unendliche Absolute durch den endlichen Menschen zu substituieren hofft, bewegt er sich noch im Horizont einer anthropologischen Theologie, die ohne die Doktrin der *creatio ex nihilo* nicht auskommt. Nicht ohne den Willen, Wahrheit und Freiheit aus dem Nichts zu kreieren.

DENKBAR PRÄZISE

Dass Philosophie sich auf ihr Außerhalb erstreckt, heißt nicht, dass sie sich aus dem Blick verliert. Was man die Neuzeit oder Moderne des abendländischen Denkens nennt, impliziert Selbsterfahrung durch Selbstverlust. Das Denken beginnt (wenn auch nicht zum ersten Mal, aber nun deutlich verschärft), sich selbst zu denken. Dabei riskiert das sich denkende Denken, in die Falle leerer Selbstreflexion zu tappen. Es riskiert eine Art problematischer Selbstversenkung oder Selbstauslotung, der es nicht ausweichen kann. Nur im Kontakt mit dem, was es überfordert, hat es Wert. Zugleich muss es seine Grenzen ermitteln. Nichts anderes hat Kant getan. Wenn Philosophen sich wiederholt die Frage stellen, was Philosophie sei, hat das damit zu tun, dass Philosophie, statt nur Erkenntnistheorie zu sein, den Existenzmodus = die Lebensform des Denkenden darstellt. Wer denkt, existiert im Modus des Denkens, analog zu Kafka, der als Literat von sich behauptet, er *sei* Literatur. Heidegger sagt: »Die Frage, was Philosophie sei, gehört zum Philosophieren selbst.«[51] Er meint damit, dass Philosophieren auf präzise Weise existieren heißt.

INS UNBEKANNTE

Neugier ist das Streben dorthin, wo man noch nicht war. Sie zieht das Subjekt ins Unbekannte. Heidegger konnte ihr nichts abgewinnen, obwohl er unterwegs zum Unbegangenen war. In mehr als einem Anlauf hat Sloterdijk die Neuzeit, die die religiöse Ordnung verlässt oder zu verlassen beansprucht, als Aufbruch zu unbekannten Ufern definiert. Sie nähre das »Verlangen nach anderen Küsten«.[52] Deshalb zieht es sie ins Uferlose, wie man bei Nietzsche lesen kann. Maritime Metaphern des Landverzichts sollen das Denken vom sicheren Grund, auf dem es auszutrocknen droht, ins Grundlose treiben. Ob auf dem Meer oder in der Luft. Es gibt eine regelrechte oder regellose Logik des Vernunftverzichts, die zur Vernunft, sofern sie nicht erstarren will, gehört. Eine »Poesie der Aufbrüche«, nennt Sloterdijk das. Man kann auch mit Deleuze und Guattari von *Deterritorialisierung* sprechen. Da zieht es jemanden aufs Meer oder in die Wüste hinaus. Dorthin, wo Orientierung zum Zufallsspiel wird. Plötzlich befindet man sich im Jenseits gleichwelcher Ordnung. Nicht, um sich im Beliebigen zu verlieren. Schließlich geht es darum, mit der Kraft zum Beispiel Penthesileas oder Antigones den Mut aufzubringen, von seiner Ohnmacht, das heißt von sich selbst, abzusehen. Was ist die Neuzeit – oder Moderne – anderes, als der Aufstand gegen die Diktate der Gesellschaft oder der Eltern, gegen alles also, was einen dazu verführt, ihnen trotzig zu widersprechen, statt noch diesen Widerspruch, der sich in Verneinung = identitärer Abhängigkeit = negativer Freiheit verfängt, als Dummheit einzusehen? Ins Unbekannte aufbrechen heißt nicht mit der Vergangenheit abrechnen. Es bedeutet, mit dem Rechnen aufzuhören.

NOTIZ ZU FRIEDRICH SCHLEGEL

Der Konflikt von Sein und Werden bzw. ihre strittige Einheit (Sein = Werden oder Werden = Sein) durchzieht die okzidentale Philosophiegeschichte ausgehend von Parmenides und Heraklit bis hin zu Nietzsche, Heidegger und Deleuze. Friedrich Schlegel hat diesen Konflikt oder diese Differenz zur

Definition des Philosophen herangezogen. In einem seiner Fragmente heißt es: »Man kann nur Philosoph werden, nicht es sein. Sobald man es zu sein glaubt, hört man auf es zu werden.«[53] Neben Sein und Werden tritt die Kategorie des Glaubens hinzu. Ein Philosoph, der glaubt, es zu sein, hört auf, einer zu werden = ist keiner. Er kann es nur sein, indem er nicht aufhört zu werden, was er nur sein kann, indem er nicht glaubt, es bereits zu sein. Die Seinswerdung des Philosophen erweist sich als unabschließbarer Prozess. Auch hier: ein Beispiel der Schlegel'schen Affirmation des Fragmentarischen. Der Philosoph selbst ist Fragment eines unmöglichen Ganzen. Er exemplifiziert den unheilbaren Bruch, Riss oder Sprung in der Totalität.

OHNE

Bei Beckett krümmt sich das Ich. Es faltet sich nicht in sich zusammen oder auf sich zurück. Die Krümmung ist nicht Reflexion. Sie ist Selbstverfehlung, die ohne Spiegel = ohne das narzisstische Spektakel der Wiedererkennung oder ihrer Unmöglichkeit auskommt. Ohne jubilierenden Beweis irgendeiner Integrität oder ihres Scheiterns. Ohne an die Leere gerichtete Erwartung. Ohne magischen Triumph.

In einem Brief vom 25. Mai 1955 an ihren Lebensgefährten Heinrich Blücher schreibt Hannah Arendt, dass sie nicht gleichzeitig lehren und schreiben könne (es geht um eine Vertretungsprofessur am Bard College, die ihr angeboten wurde): »dies sind zwei Tätigkeiten, die sich fundamental entgegenstehen und die ich zu verbinden nicht das Talent habe.«[54] Sie vergleicht das Lehren mit einer »Fürsorgetätigkeit«, die sie aufzufressen drohe. Was das Schreiben ihrer Bücher betrifft, weiß man, dass sie es als Niederschreiben des bereits durchdachten Themas praktizierte. Das zu schreibende Buch ist bereits fertig in ihrem Kopf. Jeder Unterrichtende kennt den studentischen Vampirismus. Was es auch gibt, ist der Vampirismus des eigenen Denkens. Man saugt sich selbst aus im Schreiben und im Denken, weshalb beide Tätigkeiten so erschöpfend sind. Oft kommt das Schreiben dem Denken nicht hinterher. Die Gedanken fliegen ihm voraus. Sie fliegen dermaßen schnell, dass man nur wenige von ihnen verschriftlichen kann, zumal sie sich im Widerstreit befinden. Denken ist kein harmonischer Akt. Auch das Schreiben ist eine Art Kriegszustand, man befindet sich im Zustand permanenter Selbstüberholung, was zur entsprechenden Erschöpfung führt. Hannah Arendt wusste, dass Theorie äußerste Aktivität darstellt. Sie ist nicht beschaulich, wie es das Wort θεωρία (Betrachtung, Anschauung) nahelegt. Sie ist im Gegenteil, was das denkende Subjekt über sich hinaus beschleunigen lässt = atemlose Produktion.

NOTSCHREI

Heidegger will im Nachlass Nietzsches dessen »eigentliche Philosophie« erkennen. Das Veröffentlichte sei lediglich ein »Notschrei«.[55] Wie so oft spitzt Heidegger seine Behauptung bis an die Grenze des Annehmbaren zu. Dass Nietzsches Denken zunehmend gellend, polemisch, aggressiv (aber auch humorvoll) ausfällt, stimmt. Es nähert sich mit seinen letzten Schriften dem Schrei. Aus Not wird es zum Notschrei, bis es 1889 in Turin zu verstummen scheint. Verstummt es tatsächlich, oder ist, was man seine Bedeutungsgeschichte nennt, die Antwort auf seinen nie verstummenden Schrei? Schließlich wusste Nietzsche, dass er nicht für seine Zeitgenossen schreibt. Alle, die ihn heute und in Zukunft lesen, hören diesen seinen Tod überdauernden Schrei.

UNIVERSALITÄT

Indem er das Wort in Anführungszeichen setzt, aktualisiert er es. Im Gespräch über Sacher-Masoch und den Marquis de Sade, aber auch Kafka und Beckett, spricht Deleuze von deren »ästhetischer ›Universalität‹«.[56] Er scheut sich nicht, einen Begriff zu verwenden, den er andernorts infrage stellt. Wie man weiß, gibt es gute Gründe, das Konzept *Universalität* samt seiner impliziten, vor allem uneingestandenen Wertungen und Asymmetrien zu dekonstruieren, sofern es Differenzen kultureller, sozialer, politischer, ethnischer Art zugunsten eines privilegierten Identitätsmodells nivelliert. Dennoch gibt es eine differenzsensible Universalität, die sich in der Perspektive des Denkens von Deleuze als ästhetische oder künstlerische behauptet. Sie kommt dem nahe, was er das Suprahistorische nennt = die Dimension des Werdens, die den konkreten geschichtlichen Moment überfliegt. Ästhetische Universalität heißt hier, dass die Kunstwerke (welcher Art auch immer), sich an jeden Menschen als Menschen richten und für jeden zugänglich sein sollten, da sie das Menschsein selbst (wie die ihm implizite Unmenschlichkeit) – verhandeln, in dem sich der/die Einzelne trotz seiner/ihrer Differenz zu anderen als Mensch unter Menschen erkennt.

LINIE / KURVE / BAHN

Linien, Linien, Linien. Erst bei Michaux, dann bei Deleuze. Sie können Kurven sein, die sich dem Wahnsinn nähern. Wer sich ihnen anvertraut, fliegt aus der Bahn.

NOTIZ ZU GÜNTHER ANDERS

Der spezifische Realismus von Günther Anders lässt sich als Gegenidealismus auffassen. Sein Realismus ist Idealismus gegen Realismus = ein Idealismus, der keiner ist. Er ist gesteigerter Realismus, der gegen den Idealorealismus auftritt = gegen das, was man Tatsachenobskurantismus nennen kann oder, mit Nietzsche, die Position des *letzten Menschen*, des kleinen *Faitalisten* = desjenigen, der die Tatsachen (*faits*) zu seinem Schicksal (*fatum*) verklärt. Anders widersetzt sich dem, indem er für die »erste Liebe« plädiert, die er als unwiderruflich verloren markiert. »Zur ersten Liebe gehörte, daß etwas Fremdes, die Fremde, zum ersten Male näher war als das Nahe«[57], schreibt er. Realist in seinem Sinn ist, wer das Fremde als das Nahe bejaht, statt sich in der Affirmation von Scheinvertrautheiten zu ergehen.

LIEBE ODER PROFIT

Mit der Authentizität des Innenlebens abzurechnen, ist Programm linker Theorie. Das Private sei politisch = öffentlich. Und dennoch behält die Prostituierung des Denkens, sein Konsens mit dem Ideenmarkt wie seine Bekräftigung der Kodierung bzw. Ökonomisierung der Emotionen = der Intimität (und damit seiner selbst) – in bald kritischer, bald analytischer Absicht von Walter Benjamin über Niklas Luhmann bis hin zu Eva Illouz – einen schalen Beigeschmack. Man behauptet, nur zu spielen = nichts als zu fingieren und alles – jede Gabe oder Emotion, sowie jeden Gedanken – im Äquivalententausch aufgehen zu lassen, um sich nicht einzugestehen, was Marx wusste: dass die Inäquivalenz das Movens dessen ist, worauf niemand verzichtet: Liebe oder Profit.

NOTIZ ZUR GRAUSAMKEIT

Grausam ist, was kein Maß kennt. Während die Gewalt einer gewissen Ökonomie und Zweckmäßigkeit unterliegt, zeichnet die Grausamkeit den Ausstieg aus der zweckmäßigen Ökonomie aus. Sie ist metaphysisch in diesem Sinn = als die Sinnlosigkeit selbst. Es gibt mehr oder weniger Gewalt in sämtlichen menschlichen Aktionen und Interaktionen. Manchmal wird der Gruß, oft ein Kuss als Gewalt erfahren. Doch können Gruß und Kuss nicht grausam sein. Sie bewegen sich, noch als unangemessene, im Rahmen von Sinn und Ökonomie. Erst die Grausamkeit markiert den Ausstieg aus diesem Rahmen. Als immer maßlose sprengt sie ihn. Es ist Merkmal des Krieges, seine Gewalt einzugestehen, um seine Grausamkeit zu kaschieren. Es kann keine gerechten Kriege geben, weil jeder Krieg lügt. Er gibt vor, sich als zweckmäßige Gewalt zu vollziehen, während er zur zwecklosen Grausamkeit neigt. Oder: Die Grausamkeit wird in ihm zum Zweck an sich. »Die Grausamkeit«, schreibt Jean-Luc Nancy in *Cruor*, seinem letzten Buch, »steigert das um seiner selbst willen verursachte Leiden ins Unermessliche.«[58] Sie nimmt die Form einer sinnlosen Hyperbel an. Als pure Übertreibung ragt sie ins Nichts. Man kann sagen, dass durch sie das Nichts zur Sprache kommt. Allerdings handelt es sich um eine Sprache jenseits der Sprache. Jemanden zu töten, ist ein Akt äußerster Gewalt, ihn unendlich zu quälen, bis der Tod als Erlösung von der Qual eintritt, ist Ausdruck hyperbolischer Grausamkeit. Es gibt kein gewaltloses Sprechen. Es gibt überhaupt kein Jenseits der Gewalt. Intersubjektivität impliziert Gewalt noch dann, wenn es um den Selbstbezug des Subjekts geht. Es verkehrt mit sich wie mit einem anderen, nie kommt es mit sich überein. Was jedoch möglich ist, ist der Ausstieg aus der Anökonomie der Grausamkeit: die Suspension sich sinnlos übertrumpfender Gewalt.

EIN SPEZIFISCHER KARTESIANISMUS

Liest man Descartes, wird einem klar, dass er kein Kartesianer ist. Er fällt sich unausgesetzt in den Rücken. Sein Denken ist fortlaufende Selbstkompromittierung. Bekanntestes Beispiel: Plötzlich erscheint der von der Bühne des Denkens geschasste Gott erneut auf ihr. Das hat nichts mit Inkonsequenz zu tun. Descartes weiß, was er tut. Sein Denken setzt seine Leserinnen und Leser Turbulenzen aus, die man von Flugreisen kennt. Man gleitet wie widerstandslos in großer Höhe durch die Luft und den Raum, bis ein Luftloch das Flugzeug in eine unbestimmte Tiefe reißt. Im Übrigen gilt dies für alle bedeutenden Denkerinnen und Denker: Sie nehmen einen in ihre eigenen Abgründe mit. Simone Weil vereint kartesianische Klarheit mit dem unverbesserlichen Drang, sich in ein Dunkel zu wagen, in dem sie zwangsläufig erlischt. Bei Lacan ist es ähnlich. Er schubst mit seinem Denken die ihm Folgenden ins Jenseits des Fassbaren. Deshalb irrt sich Friedrich Kittler mit seiner Gegenüberstellung von Descartes und Lacan, indem er den Ersten der Geometrie und den Zweiten ihrer Komplizierung zuordnet. Es ist in der Tat derart kompliziert, dass man erst, wenn man die antigeometrischen Anteile des cartesischen Denkens mit den geometrischen Aspekten der Lacanschen Denkoperation kompossibilisiert, eine Vorstellung davon gewinnt, was sie jeweils tun. Mit einer Vorstellung hat Kittler allerdings recht: Die Psychoanalyse Lacanscher Prägung bekommt die Register des Weiblichen und Männlichen nicht zusammen. Ihre Ethik scheint ihm gewagter zu sein als die der »europäischen Neuzeit«, da sie das Unentwirrbare der Geschlechterdifferenz in einer Weise ernst nimmt, dass man meinen könnte, es handele sich um eine nicht zu bewältigende Schwierigkeit. »Wie Frauen und Männer einander zerreißen und verschlingen, wie sie sich umarmen, verknoten und treffen«, stellt Lacans Denken vor die Herausforderung, eine diesem nicht euklidischen Drama korrelative Sprache zu finden: »Daher entwickelt Lacans moderne Geometrie nicht, sie verwickelt. Die car-

tesischen Subjekte, die wir als Untertanen neuzeit-
licher Technikwissenschaft sind, werden um elas-
tische Gummifäden und schmiegsame Seidenstoffe,
um krumme Zigarillos und verdrehte Möbiusbänder
oder Pelzmäntel bereichert.«[59] In *Encore* (1972–1973),
wie anderswo, sagt Lacan es so: »es gibt kein
Geschlechtsverhältnis«.[60] Die Situation zwischen
Mann und Frau ist zu verfahren, zu verdreht oder
im Vorhinein ausgehebelt, als dass es zu einem Kom-
plementaritätsbezug zwischen den Geschlechtern
kommen könnte. Da ist eher ein unüberwindbarer
Graben, derart unüberwindbar, dass noch das Denken, das sich (heute) als non-binär imaginiert, auf
ihm, wenn auch auf dem Wege seiner Verneinung
oder Bestreitung, insistiert. Es insistiert auf dem
von ihm Verneinten und Bestrittenen. Es tut dies –
ohne dass es ihm aufzufallen scheint – unentwegt.
Warum tut es das? Weil es das Non-Binäre nur in
einer Geschlechterwelt existierender Binaritäten gibt.
Die Binarität der Geschlechter ist die Bedingung der
Möglichkeit der Performanz ihrer Zurückweisung
bzw. Dekonstruktion, weshalb paradoxerweise niemand mehr auf seiner Geschlechteridentität insistiert als die transidentitäre Person. Lacan jedenfalls
stellt fest, dass Descartes der Erste war, der sich die
Frage gestellt habe, was das Wissen sei. Die Psychoanalyse rechne darüber hinaus mit einem Wissen,
»das sich nicht weiß«. Es ist dieses Wissen, das sie
von Descartes distanzieren soll, während Descartes
selbst bereits mit einem sich nicht wissenden Wissen
rechnet, zumindest schließt er die Vorstellung von

ihm ausdrücklich nicht aus seinem Denkhorizont aus. Der Reflexionscharakter des *ego cogito me cogitare cogitatum* bleibt von einer gewissen Blindheit bestimmt. Wie immer, wenn das Denken auf sich zurückkommt, gelangt es zur Erfahrung einer gewissen Ungewissheit in Bezug auf sich selbst. Diese Erfahrung durchdringt das gesamte cartesische Denken. Sie ist Grunderfahrung des Denkens als Erfahrung der Opazität des Wissens selbst.

TOPOLOGIE

Unerlässlich für jedes Subjektdenken nach dem *Tod des Subjekts* ist die Frage nach der Struktur des Bewusstseins. Ohne noch vom Subjekt oder Bewusstsein sprechen zu wollen, hat Heidegger Husserls bewusstseinsphänomenologischen Begriff der *Intentionalität* (Bewusstsein sei immer Bewusstsein von etwas) ontologisch tiefergelegt. Im Umkreis der Überlegungen von *Sein und Zeit* (1927) ist vom *In-der-Welt-sein* als der *Fundamentalstruktur* des (menschlichen) *Daseins* die Rede. Es gibt eine originäre Weltverklammerung des Daseins. Sie ist seine elementare Struktur. Zugleich situiert Heidegger den Menschen an der Grenze zum Nichts. Er sei dessen *Platzhalter*. Die Angst zeugt vom Nichtskontakt des Daseins = von seiner Endlichkeit. Man könnte meinen, die Struktur des Angstbewusstseins breche mit jeder Struktur, indem sie das menschliche Dasein ins Indefinite = aus der Welt zieht. Agamben wiederum situiert das Bewusstseinssubjekt an der Schwelle zum *Unvordenklichen*: »das Bewußtsein birgt in sich die Ahnung der Unbewußtheit«[61], schreibt er und sagt damit, dass es ein Vergessen dessen ausmacht, was nie Gegenwart war: Vergessen des originär Vergessenen. Als Schwellen-Denker, der er ist, bringt er damit zum Ausdruck, was wir als die Topologie Kafkas bezeichnen können. Sie lässt den Menschen ans Unberührbare rühren. Nie ist er, wo es ihn hinzieht. Und dennoch oder deshalb zieht es ihn dorthin.

SCHREI

In Edvard Munchs Psychotisch-Werden der Landschaft spiegelt sich dasjenige des Menschen. Er ist ein Seelentier. Die Seele zerreißt ihn, hört nicht auf, ihn zu zerreißen. Der Schrei kommt von innen, weil das Außen im Innen ist. Es nützt nichts, sich die Ohren zuzuhalten. Die Dämonen sind längst im Haus. Das Subjekt erweist sich als Subjekt qualvoller Angst. Wie soll es vor sich fliehen? Wie entkommt man sich, ohne sich in den Tod zu werfen? Man meint, es sei die Landschaft, die sich im Schrei meldet, wobei es eher der Abgrund der nackten φύσις (physis) ist; φύσις genommen als vorlandschaftlicher Zustand der Natur, als Chaos, dem kein Subjekt gewachsen ist. Die 1893er-Fassung von *Der Schrei* hat Munch mit einer Inschrift versehen: »kan kun være malet af en gal mand« / »kann nur von einem verrückten Mann gemalt worden sein«. Vielleicht handelt es sich bei den vier Gemäldeversionen und den sie flankierenden Lithografien mit demselben Motiv um den Versuch, dem Wahnsinn ein Bild zu geben, was kaum gelingen kann, bedenkt man die ikonoklastische Funktion dessen, was wir Wahnsinn oder Psychose nennen. Die Konsistenz und Glaubhaftigkeit der Bilder = das System der Repräsentation als Ganzes steht auf dem Spiel. In *Was heißt Denken?* (1951/52) hat Heidegger Ruf und Schrei unterschieden. Das »bloße Vorkommen von Schall und Laut ist der Schrei. Im Rufen waltet ein ursprüngliches Auslangen nach ... Nur deshalb kann der Ruf verlangen. Der bloße Schrei verhallt und versackt in ihm selber. Er kann weder dem Schmerz noch der Freude einen Aufenthalt bieten.«[62] Wie man weiß, appelliert Heideggers Denken an die Notwendigkeit eines solchen Aufenthalts. Er kann es nur deshalb tun, weil er weiß, dass der Schrei das Geräusch ist, das die Möglichkeit des Aufenthalts zerstört. Im Schrei meldet sich der Abgrund, dem kein Lebender entsprechen kann. Ihn vernehmen heißt beinahe tot sein.

ICH

Erstaunlich, wie sehr das Ich noch auf seine Einheit vertraut. Als wäre ihre Kohärenz und Konsistenz nicht längst in Zweifel gezogen worden, durch die Psychoanalyse sowie die Neurowissenschaften und sämtliche Theorien der Entfremdung, die das

Neunzehnte Jahrhundert kennt. Natürlich ist da jemand, der »ich« sagt, – trotz allem. Doch um wen handelt es sich? Wer ist das »ich« sagende Ich? Man kann nicht behaupten, es existiere nicht. Jedes Ich ist umgeben von anderen Ichs, die »ich« sagen. Ein Gewimmel also »ich« sagender Ichs, vor allem in der, wie man vereinfachend sagt, westlichen Denkkultur. Wie wir wissen, ist sie global geworden und hat nahezu jeden Winkel des von Menschen bevölkerten Planeten heimgesucht. Fortan soll jeder in Bezug auf sich »ich« sagen. Die Probleme häufen sich, sobald die Kategorie des Selbst ins Spiel kommt, das heißt der Selbigkeit des Selbst. Denn die »ich« sagende Instanz referiert auf sich wie auf ein stabiles Selbst. Was immer sie denkt und sagt, wird von der Vorstellung des »ich denke«, »ich sage« begleitet. Das meint Immanuel Kant, indem er von der *transzendentalen Apperzeption* als dem mit sich identischen Selbstbewusstsein spricht.[63] Spätestens seit Friedrich Nietzsche und Sigmund Freud sind Risse in diese Vorstellung gekommen. Dennoch findet sich bei Freud der berühmte Appell: »Wo Es war, soll Ich werden.«[64] Er lässt sich analog zu Hegels Subjektwerden der Substanz lesen, was bedeutet, dass ein gewisses Maß an Selbsttransparenz oder Selbstbegreifen das Subjekt als Subjekt ausmacht oder eben die Ichheit des Ichs. Heute ist das Vertrauen auf die Ichkohärenz und Ichstabilität fragwürdig geworden. Wer heute »ich« sagt, erliegt dem Trug ontologischer Konsistenz, statt einzuräumen, dass die Funktion des »Ich«-Sagens in der Kaschierung der Inkonsistenz der Ichheit des Ichs liegt. Eben das hat Gilles Deleuze in aller Deutlichkeit gesehen: »Das Unbewußte habt ihr nicht, ihr habt es nie, es ist kein ›Es‹, das ›Ich‹ werden soll.«[65] Und: »Wißt ihr, was man tun muß, um jemanden daran zu hindern, in seinem Namen zu sprechen? Man muß ihn nur ›ich‹ sagen lassen.«[66] Bleibt die Frage, was es bedeutet, in seinem Namen zu sprechen. Auch dieser Name ist von der Zerrüttung von Selbst und Ich betroffen. Noch wenn man in seinem Eigennamen spricht, weiß man nicht, wer da in wessen Interesse spricht. Was man wissen kann, ist, dass dieses Nichtwissen den Kern von Ich und Selbst ausmacht, die dem Subjekt konstitutive Leere, die den Raum der Nichtidentität mit ihm aufspannt: eine immense Wüste der Orientierungslosigkeit, in der sich aufzuhalten heißt, es ohne verlässliche Orientierung zu tun.

WECHSELSPIEL

Was alle Künstler verbindet, zumindest diejenigen, die man ernst nehmen muss, ist das Wechselspiel von Mut und Angst. Beide bedingen einander und es ist nie ausgemacht, was obsiegt. Noch wenn der Mut die Angst übertrumpft, die man die Angst des Lebens oder der Freiheit nennen kann, tut er es nur, indem er auf sie zeigt, um ihre Macht zu demonstrieren. Deshalb ist es für die Philosophen nicht weniger als für die Künstler wichtig, der Angst das Fürchten zu lehren = sie für Momente zu ignorieren. Sie verschwindet dann nicht, sie schläft in irgendeinem Winkel, bis sie sich erneut mit voller Wucht bemerkbar macht. Bis dahin ist es gut, sich einer, wenn auch unbegründeten, Zuversicht anzuvertrauen, die einen denken und arbeiten lässt.

STREBEN

Es gibt Leute, die meinen erschöpft zu sein, weil sie unendlich viel tun, dabei sind sie bestenfalls müde ans Ende ihrer Möglichkeiten gelangt. Noch haben sie nicht ans Unmögliche gerührt. Nimmt man die Begriffsunterscheidung von Müdigkeit und Erschöpfung auf, wie sie Deleuze vorschlägt, kann man einer Sache oder eines Menschen oder seiner selbst müde sein. Erschöpft ist man noch lange nicht. Eher hebt die Erschöpfung den Ermüdeten über alles Mögliche hinaus. Sie exponiert ihn dem Nichts, das am Zielpunkt jeder Anstrengung wartet: als das große Nichts der Vergeblichkeit. Es erfahren heißt mit dem Kämpfen aufhören. Aufzuhören gegen sich selbst wie um eine Person oder Sache zu kämpfen = mit den Möglichkeiten zu brechen, um in ihr Jenseits zu blicken = an die Mauer des Nichts zu rühren: »Man war von einer Sache müde, aber man ist erschöpft durch nichts.«[67] Es ist Beckett, der Deleuze zu seinen Überlegungen ermutigt. Handelt es sich um eine Ermutigung, da sie doch in die Verzweiflung zu führen scheint? Sie ist eine Ermutigung wie alle bedeutende Literatur und große Kunst Ermutigungen darstellen, sich einer geradezu erheiternden Sinnlosigkeit von allem, was ist und sein wird, zu stellen, statt sie mit den pastosen Pinselstrichen der Ignoranz oder Selbstbeschwichtigung zu kaschieren. Jedes Ding, weiß Deleuze, ist eine »Modifikation« des Nichts, das heißt – spinozistisch gedacht – der *natura naturans*, also Gottes oder der Natur. Es ist ihr blinder Leerlauf, der jedes menschliche Unternehmen seiner Sinnlosigkeit überführt. Dabei geht es nicht nur darum, den Menschen den apriorischen Verlust der Seriosität ihrer Geschäftigkeit vorzuführen. Es geht auch darum, klarzumachen, dass es nicht den geringsten Grund dafür gibt, sich nicht mit diesem Verlust als der Selbstverständlichkeit jeder Lebensregung zu arrangieren. Wer strampelt nicht in seinem Leben wie der Fötus im Mutterbauch? Das ihn Umhüllende wird dem Menschen zum Gefängnis. Glaubt er, dem Gefängnis entfliehen zu können, wird alles noch schlimmer sein. Jedenfalls strebt seine Existenz, aus dem Nichts kommend, dem Nichts oder der Inexistenz seiner selbst zu. Es ist dieses Streben für nichts, das Leben heißt.

VERRÜCKTES SUBJEKT

Man darf die Positivität des Mangels nicht übersehen. Als solcher ist er da und in diesem Sinn nichts Negatives. Marguerite Duras bestätigt im Gespräch mit Leopoldina Pallotta della Torre, dass ihre Bücher von diesem Mangel handeln, den auch

Lacan ins Zentrum seiner Subjekttheorie rückt. Positivität des Mangels heißt in Bezug auf Duras, dass die Rechnung aufgeht, indem sie nicht aufgeht. Da bleibt immer etwas offen. Dass es so ist, bedeutet, dass der Sehnsuchtsraum, den jedes ihrer Bücher eröffnet und behandelt, nicht geschlossen wird. Schreiben heißt ihn offen halten, damit das Begehren des Subjekts nicht erstickt. Ob es sich um das Begehren eines imaginären Mannes (*Le Marin de Gibraltar*, 1952) oder um das Warten auf den vermissten Menschen (*La douleur*, 1985) handelt, immer erstreckt es sich ins Unbestimmte. Es reicht in eine Leere, die die Leere des Verlangens ist. Indem ihm etwas fehlt, kann es durchs Fehlen zu sich kommen. Nicht im Modus der Erfüllung, sondern in dem der Unerfülltheit. Natürlich gibt diese Unerfülltheit Anlass zu ihrer melancholischen Ausschlachtung. Freud hat in *Trauer und Melancholie* Wichtiges dazu gesagt. Die Melancholie verführt nicht nur zum Narzissmus, sie koinzidiert mit ihm. Indem das Subjekt die Leere, die das ihm fehlende Objekt (die abwesende, vielleicht verstorbene Person) aufreißt, internalisiert, um selbst leer zu sein, entzieht es sich der Notwendigkeit der Trauerarbeit, die darin bestehen würde, sich mit dem Verlust zu arrangieren. Duras ist zu intelligent, um sich der gängigen Sehnsuchtsromantik und der ihr korrelativen Melancholie anzuschließen, ganz frei von ihnen sind ihre Texte jedoch nicht. Die Psychoanalyse interessiere sie wenig, sagt sie im oben genannten Gespräch.[68] Dennoch teilt sie mit ihr, ob in der Freudschen oder Lacanschen Ausprägung, die Insistenz auf einer Leerstelle, die das Subjekt qua Subjekt ausmacht: als eines, das – wie Lol in *Le Ravissement de Lol V. Stein* (1964) – wesenhaft ohne Wesen ist, immer außerhalb seiner selbst (»nous ne sommes pas entièrement là où nous croyons être«[69]), ohne über ausreichend Konsistenz und Ganzheit zu verfügen, um nicht verrückt zu sein.

DIÄT

Im Altgriechischen verweist die δίαιτα (díaita) auf eine Lebensführung, die mit der richtigen Ernährung einhergeht. Die Diätetik (διαιτητική τέχνη) ist die Lehre von der gesunden Lebensform nach Maßgabe gewisser Regeln. Später hat sich die Diät auf die Gewichtskontrolle und den Gewichtsverlust konzentriert. Immer hängt sie mit der Frage der vernünftigen Ernährung zusammen. Dabei wird übersehen, dass sie, wenn es um den Gewichtsverlust geht, ins Extreme reicht. Roland Barthes hebt ihren neurotischen, also religiösen Charakter hervor, zumindest wenn es ums Abnehmen geht: »Jeder, der abzunehmen beschließt (aus welchen Gründen auch immer), entscheidet sich für eine *religiöse* Prozedur; er wird also den *Stationen*, Merkmalen und Riten einer religiösen Existenzweise wiederbegegnen: er wird aufgrund eines strikten Parallelismus zwischen der Kur und der religiösen Praxis die Entstehung von Religion in sich verspüren.«[70] Daher der Hang aller, die einer Diät folgen, statt schlicht zur Vernunft und

Mäßigung, zum Fanatismus. Niemand, der abzunehmen begonnen hat, ist frei von einer auf sich (und bald auch auf andere) angewandten Militanz. Als fände er sich in einem Orden mit strengen Regeln wieder oder in einer Militärschule, was fast dasselbe ist. Der Wunsch abzunehmen, steigert sich gelegentlich zu erbarmungsloser Anorexie. Noch wenn er es nicht tut, geriert er sich diktatorisch. In Bezug auf die zugeführte oder gemiedene Nahrung ist er zwangsläufig selektiv. Für ungut befundene Lebensmittel werden nicht nur zurückgewiesen, sie werden dämonisiert. Die Lebensform wird zum Zwang. Barthes bringt es auf diese Formel: »Um abzunehmen, muß man sich neurotisch machen, in eine Religion eintreten.«[71] Man könnte hinzufügen, dass, wer abnehmen will, seinen Willen der Art von Willenlosigkeit beugt, die ihn zum Träger eines Mandats macht, das nicht dem geringsten Zweifel unterliegt, da man es nur hinnehmen, keinesfalls aber infrage stellen darf und kann.

GEZEIGTES GEFÄNGNIS

Bei Michaux stößt man aufs halluzinogene Wissen, dass Dichtung und Denken Wahrheitsermittlungen sind = Versuche, die erfahrene Wahrheit von der Autorität der Wahrheit zu emanzipieren: »Ich schreibe, damit das, was wahr war, nicht mehr wahr sei. Ein gezeigtes Gefängnis ist kein Gefängnis mehr.«[72]

JENSEITS DES ZUGRIFFS

In einer Tagebuchnotiz fordert Wittgenstein Unbestechlichkeit von sich ein.[73] Sie ist der Maßstab des Denkens und einer Lebensform, die sich nicht den Forderungen der Doxa beugt. Man sieht, wie stark seine Vorstellung eines denkenden Lebens sich gegen die Aufforderung zum Nichtdenken erhebt. Es ist revolutionär, indem es sich ihr widersetzt. Mit den Mitteln einer Sprachphilosophie, die dem Sprachgebrauch detektivisch nachspürt, um ihn als Quelle sämtlicher Denkirrtümer zu überführen. Man soll sich nicht verhexen lassen. Nicht von der Sprache. Unbestechlichkeit erweist sich als Wille zur Klarheit. Obskurantismus und Sentimentalismus sind keine Option. Das Denken muss kühl und wach bleiben, was es in seinem Fall nicht weniger leidenschaftlich macht. Nur handelt es sich um eine Leidenschaft, die keinen Kompromiss mit dem Nichtdenken duldet. Unbestechliche Leidenschaft, fürs Sagbare sowie Unsagbare einzustehen. Für das vor allem, was sich dem Zugriff des Denkens und der Sprache entzieht.

DRINGLICHKEIT

Es gibt eine Dringlichkeit des Denkens, die aus ihm etwas Unverzichtbares macht. Die Dringlichkeit reißt das Denken über sich hinaus und in seine Wirklichkeit zurück. Es erweist sich als die Bewegung dieses doppelten Gerissenseins. Immer ist es aufs Unmögliche und aufs Mögliche aufgerissen. Es operiert an der Trennscheide beider Register. Weder versenkt es sich im Möglichen noch verliert es sich im Unmöglichen. Man muss es sich als eine Art Grenzwart vorstellen, der beiden Ordnungen Recht widerfahren lässt. Würde es sich ganz ins Mögliche versenken, machte es aus ihm die ganze Realität. Versenkte es sich im Unmöglichen, würde es das Mögliche aus dem Blick verlieren. Es vermittelt also zwischen Möglichem und Unmöglichem, indem es ihre Kompossibilität anerkennt. Durchs Denken selbst läuft der Riss, der die beiden Dimensionen verbindet und auseinanderhält. Würde man es ins psychoanalytische Vokabular übersetzen, könnte vom Riss zwischen Bewusstem und Unbewusstem die Rede sein. Auch das analytische Denken hält sich auf der Trennlinie zwischen Fassbarem und Unfassbarem oder Sagbarem und Unsagbarem. Zuletzt geht es darum, das Subjekt an der Grenze zum Subjektaußen zu situieren. Dort hält es sich auf, um die Porosität dieser Grenze zu bezeugen = den osmotischen Verkehr ihrer zwei Seiten. Was Félix Guattari *Chaosmose* nennt, ist Ausdruck eines solchen Verkehrs von Ordnung und Unordnung = Chaos. Nur durch die Öffnung aufs Chaos ist Kreativität denkbar, Schöpfung von Neuem, das im Spektrum des Möglichen zunächst als Unmögliches erscheint. Giorgio Agamben spricht vom »Erfordernis« als dem »Element der Philosophie«.[74] Es reißt das Denken aus der gewohnten Bahn, um es seiner Redefinition = Neubestimmung zuzutreiben. Nie weiß es, wohin genau es gerissen wird. Nicht aus der Wirklichkeit heraus und dennoch über sie hinaus. Es handelt sich um immanente Transzendenz, wie sie alle bedeutenden Denker der Moderne, von Kant über Nietzsche, bis hin zu Simone Weil, Wittgenstein, Lacan und Nancy zu denken geben. Die Dringlichkeit des Denkens erweist sich als seine Unruhe im Hier-und-Jetzt. Es ist nicht realitätsflüchtig, sondern bohrt sich dermaßen tief in sie, dass es sie zugleich verlässt, um sie als löchriges Gewebe zurückzulassen, als unendlich fragile Textur. Dringlich ist das Denken auch deshalb, weil es nie über genug Zeit verfügt, sich zu vervollkommnen. Es ist zerrissenes Denken der Zerrissenheit der Welt.

GENUSS

Wenn es etwas gibt, das zum Gegenteil dessen verführt, was es zu sein oder wofür es einzustehen vorgibt, dann ist es der Genuss in seiner imperativischen Form. Es ist, wie Lacan lehrt, der Über-Ich-Imperativ, der sich so ausspricht: »*Genieße!*«.[75] Sieht man genau hin, wird einem klar, dass das Gewissen, das die Über-Ich-Instanz darstellt, zum Selbstgenießen aufruft. Das sich genießende Subjekt tappt in die Falle. Es bildet sich ein, mit sich kurzgeschlossen zu sein, während es sein Sein dem imaginierten Begehren des anderen unterstellt. Das Genießen, meint Lacan im *Encore*-Seminar von 1972–1973, »läßt sich interpellieren, aufrufen, heraustreiben, erarbeiten

nur ausgehend von einem Schein.«[76] Die Autorität
dieses Scheins lässt sich kaum überschätzen. Sie ist
diktatorisch, wie nur das Unwirkliche diktatorisch
sein kann. Wer genießt, schwimmt im Äther solcher
Unwirklichkeit. Er genießt sich als Ertrinkenden.
Autoritäre Systeme wissen das. Es reicht aus, das
Subjekt seinem Genuss auszusetzen, um es stillzu-
stellen. Deshalb ist jede Politik des Guten restriktiv
und autoritär. Indem sie dem Subjekt vorschreibt, zu
sich und anderen gut zu sein, entfaltet sie die Macht
des Selbstgenießens, der sich einzig widersetzt, wer
ihren Mechanismus durchschaut, um sein Selbst
dem verordneten Genuss zu entziehen, damit es
freier = weniger selbstzufrieden atmen kann.

ENGAGIERTE NEUTRALITÄT

Dass bedeutende Kunstwerke sich nicht im Engagement erschöpfen, veranlasst Susan Sontag von der
»sublime[n] Neutralität«[77] ihrer Schöpfer zu sprechen. Homer, Shakespeare, aber auch Jean Genet
bewegen sich jenseits pathetischer Militanz. Sosehr
an ihren Werken Sympathien und Antipathien ab-
zulesen sind, so sehr entziehen sie sich der selbstgerechten Moral. Wer an den soziopolitischen sowie
amourösen Wirklichkeitsanteilen nicht vorbeisehen
will, muss sich ihren außermoralischen Status vergegenwärtigen, alles das also an ihnen, was sie nicht
auf die Nenner des Guten oder Bösen bringen lässt.
An ihnen ist etwas, das solcher Kategorisierung und

Vereinfachung widersteht. Kunst, die diesen Widerstand ignoriert, hat keine Chance, widerständig zu
sein = engagiert auf der Höhe der genannten Neutralität.

NOTIZ ZU HERAKLIT

Nimmt man ein Fragment von Heraklit, wirft es
einen ins Unausdenkbare. Indem er das Gesetz
der Gegensätzlichkeit = den Logos des Kriegs oder
Unterschieds denkt, den Logos der Differenz, ist
er Denker der Gegensätze. Sein Fragment B 110
(Ed. Diels) lautet von Bruno Snell übersetzt: »Jeden
Wunsch erfüllt zu sehen, ist nicht besser für die
Menschen / ἀνθρώποις γίνεσθαι ὁκόσα θέλουσιν οὐκ
ἄμεινον.«[78] Sollte Heraklit Theoretiker statt nur des
unaufhörlichen Werdens, auch der des unstillbaren
Begehrens (ὄρεξις, appetitus) sein?

SELBSTVERFEHLUNG

Der Wunsch oder das Begehren speist sich aus dem
Mangel. Doch der Mangel ist kein Mangel. Er ist eine
Macht, die nicht positiver ausfallen könnte, was nicht
heißt, dass sie zugunsten derer ausfällt, in denen sie
waltet. Was sollte dies auch heißen – zugunsten? Auf
der Ebene des Mangels, also des Unbewussten, greift
die Ökonomie von Vor- und Nachteil nicht. Sicher
ist nur, dass er ein Motor ist, eine Leere, die wie ein

Antrieb wirkt. Und dieser Leere kann nur durch Leere entsprochen werden, durch eine Metaphysik ohne Gott, um es anders zu sagen. Dessen war sich Lacan im Klaren und mit ihm Maurice Blanchot. Eben dies gilt auch für die psychoanalytische Situation = der Übertragungsdynamik bzw. Übertragungserotik zwischen Analytiker und Analysand. Da treffen zwei Leeren aufeinander, um sich bis zur Selbstverwechslung auszutauschen. Noch wenn der Analytiker den toten Gott mimt = eine gänzlich undurchdringliche Wand, tritt er als diese Wand und dieser tote Gott ins Austauschverhältnis. Der Analytiker weigert sich zu handeln und diese Weigerung wird vom Analysanden als Aktivität registriert, als etwas, worauf er reagieren muss: »schweigende Leere, die dennoch der wahre Grund des Sprechens ist«[79], wie Blanchot schreibt. Leere, die die Leere im anderen aufreißt, die er als Wüste zu identifizieren beginnt, als Freiheit, die mit Unfreiheit koinzidiert. Deshalb ist der Mangel kein Mangel. Weil alles Gesagte das Unsagbare birgt und alles Begehrte sich im Begehren erfüllt, statt erfülltes Begehren zu sein. Weil also die Nacht des Nichtwissens sich auf den Tag des Wissens verlängert, eines Wissens allerdings, das vom Nichtwissen nicht länger unterscheidbar ist, weshalb nun Denken sich verfehlen heißt, um die Selbstverfehlung als die Wahrheit von Selbst und Denken zu affirmieren.

PROBLEMATISCHER KREDIT

Der Autorität ihr Recht streitig machen, ist, was man Denken nennen kann, solange man unter Denken eine Praxis versteht, die sich den geltenden Theoriediktaten widersetzt. Das ist das Mindeste, was man von Philosophie erwarten darf, die sich als politische artikuliert. Sie bringt das Evidenzgebäude, das wir *Wirklichkeit* nennen, ins Wanken. Allerdings nicht von außen, sondern aus ihrem Inneren heraus. Sie leiht sich von der sogenannten *Wirklichkeit* die Mittel zu ihrer Infragestellung und stellt dabei diese Mittel selbst infrage, ihre ideologische Gelenktheit, ihre Grenzen, ihre Stumpfheit. Sicher kann man von der Philosophie sagen, dass sie die »Meuterei des Logos gegen die Doxa«[80] darstellt oder sich zumindest seit Platon so verstanden hat. Ergänzend bliebe festzustellen, dass sie sich zugleich gegen sich selbst aufrichtet, um nicht ins Dogmatische zu fallen. Das aber heißt, dass sie sich als eine Gestalt der Doxa erkennen muss, bevor sie mit sich ins Gericht geht, bis fast nichts mehr von ihr übrig bleibt. Nichts vom Logos und nichts von der Doxa. Nichts von der Annahme ihrer Trennbarkeit. Nichts vom Phantasma interessebefreiten Wissens. Nichts vom Glauben, es sei beim Denken kein (Irr-)Glaube im Spiel.

Es ist, als gäbe es kein Jenseits der Szene. Die Bühne ist überall. Oder scheint es nur so zu sein? Unübersehbar ist der szenische Charakter des Intersubjektivitätsraums. Es handelt sich um einen Schauplatz, dessen Mobiliar beweist, dass es sich bei ihm um ein Gericht handelt. Da sind Angeklagte, die sich von ihrer Bank oder den Stühlen, auf denen sie sitzen, erheben, um zu einer höheren Instanz emporzusehen. Die Richter nehmen (nicht nur) höhenmäßig Distanz zu ihnen ein. Die Distanz stellt die Bedingung der Möglichkeit richtender Autorität. Sie definiert sich im Unterschied zu dem, worüber sie urteilt. Das Gericht, das Recht spricht, ist nicht unsichtbar, doch es verschweigt, dass es ihm nicht um Gerechtigkeit geht. Dass Gott tot ist, heißt, dass das Recht sich das Recht nimmt, die Gerechtigkeit zu substituieren. Es tut es nicht ohne Drama. Alles erweist sich als Theater, wo Menschen über andere urteilen, als hätten sie nichts Besseres zu tun. Es handelt sich ums Theater unmöglicher Nichtverurteilung unter den Bedingungen des Wissens darum, dass kein Urteil gerecht sein kann. Also müssen Requisiten her: Podeste, Kanzeln, holzverkleidete Wände, komische Hüte, sowie Mikrofone, in die sich die Stimme des Rechtsorgans verirren kann. Die Öffentlichkeit ist, wie Cornelia Vismann erläutert, ein Rechtsraum, dessen Funktionieren von seinen Requisiten abhängt.[81] Man kann auch von autoritärer Architektur sprechen, solange man im

Blick behält, dass vollendeter Nichtautoritarismus nur als Träumerei schöner Seelen existiert. Die *Medien der Rechtsprechung* erinnern daran, dass nichts im Jenseits autoritärer Gewalt entschieden wird. Jeder Stuhl, jedes auszufüllende Formular, jede mal geöffnete, mal verschlossene Tür, jedes noch so groteske richterliche Gewand ruft den theologischen Ursprung der Rechtsprechung in Erinnerung. Nur findet sie längst im Abseits rechtsstaatlicher Ordnung statt. Sie ist zur Lynchjustiz mutiert, angesichts derer jeder versagt, der nicht den Mut aufbringt, ihr zu widersprechen. Die Organe der Rechtsprechung sind denen der Verurteilung jenseits des Rechts gewichen. Die Revolution frisst ihre Kinder. Selbstgerechtigkeit ist Pflicht, solange man sich den Mut versagt, kein Opportunist zu sein.

IKARISCHES DENKEN

Mit dem Sturz des Ikarus assoziiert Hans Blumenberg die »Begierde nach dem Himmel«[82], die nicht gut ausgehen kann. Wer sich im »Höhenrausch« der »Macht der Sonne« aussetzt, muss als Verlierer aus diesem Übermut hervorgehen. Zugleich ist klar, dass kein bedeutender Schritt des Denkens ohne Unterbrechung der Schrittfolge möglich wird. Mit jedem neuen Gedanken unterbricht sich das Denken: Es hebt ab. Es gehört zu seiner spekulativen Natur, die Bodenhaftung zu verlieren. Was nicht heißt, dass es den Kontakt zum Boden gänzlich aufgibt. Es verlässt ihn nur, um im Höhenrausch ans Unberührbare zu rühren. Tut es dies nicht, verfängt es sich in Belanglosigkeiten. Dann beschränkt es sich aufs Vermessen des bekannten Territoriums = in der Exegese vorliegender Texte, ihrer Interpretation und Vermittlung. Der eigentliche Moment des Denkens hat weder mit Vermittlung noch mit Interpretation oder Exegese zu tun. Er verdankt sich nicht dem instituierten Wissen, sondern bricht mit ihm. Philosophisches Wissen generiert sich nicht aus Wissen. Es ist Produkt einer gewagten Übertreibung, deren Folgen man nicht absehen kann.

VOKABELSKEPSIS

Es gibt keine nicht problematische Nomenklatur. Die philosophischen Begriffe (Seele, Gott, Welt, Subjekt, Vernunft, Gerechtigkeit, Wahrheit, Freiheit, Endlichkeit, Gleichheit etc.) sind ausnahmslos problematisch. Sie sind Grenzbegriffe im kantischen Sinn. Immer verweisen sie auf etwas, was so nicht existiert, oder nur als Inexistentes insistiert. Deshalb ist Sprachphilosophie keine Eigenart des Zwanzigsten Jahrhunderts. Bereits die Sokratesfigur der Frühdialoge Platons stellt sich als sprachskeptische dar. Jeder Philosoph erfindet eine Reihe neuer Begriffe. Er erfindet eine neue Sprache an der Grenze und inmitten der bestehenden. Auf Sprachregeln und -standards zu insistieren, macht nur Sinn im Raum des Nichtdenkens = in der sozialen Sphäre oder symbolischen Ordnung, da sie Angebote darstellen, mit dem Denken aufzuhören oder es sich gar nicht erst zuzumuten. Günther Anders schreibt: »Ob ein Denker als ernst, vorurteilsfrei und unbefangen einzustufen ist, wird *entschieden durch die Radikalität seiner Vokabelskepsis.*«[83]

SPRACHLUST

Bestechend an Roland Barthes ist, dass er die Sprache nicht nur als ideologisch kontaminiertes Gelände analysiert, sondern sie auch als Resistenzzone auffasst, in der Lust und Begehren jenseits ihres ideologiekritischen Verordnetseins eben diesem opponieren. Die verordnete sexuelle Freiheit wird von der nicht verordneten unterminiert. Da schleicht sich ein Begehren in den imperativischen Sprachraum, das sich ihm widersetzt. Es ist Ausdruck der Zurückweisung sowohl der Allessexualisierung wie der Totalpolitisierung. Man könnte meinen, es sei unschuldig, und das ist es genau besehen auch. Unschuldig in dem Sinne, dass es sich nicht verordnen lässt. Es taucht dann in Gestalt der Lustverweigerung an den Blindspots des etablierten Denkens samt seiner Stereotypen auf, um sich dort als das zu erkennen zu geben, was es wirklich ist: Lust an einer Sprache, die der alten den Krieg erklärt, um sie zu einer Sprachlust zu transformieren, die ein neues Regime des Begehrens = der Freiheit inauguriert.

IM LABYRINTH DER SPRACHE

Typisch für Beckett ist, seine Kommentatoren mit
der Behauptung zu konfrontieren, sie läsen eine ihm
unbekannte und keinesfalls intendierte Tiefe in seine
Texte hinein. Er selbst hege, wie er 1972 an Rubin
Rabinovitz schreibt, »keine so tiefen Gedanken beim
Schreiben«, das nichts anderes als eine »Hinwendung
zu den Wörtern« sei, »im Bemühen, nicht den Verstand zu verlieren.«[84] Hiermit gleicht er Wittgenstein,
der im Zusammenhang seiner Kierkegaard-Lektüre
vorwurfslos feststellt, dieser sei viel zu tief für ihn.
Auch bei Wittgenstein ist die Hinwendung zur Sprache eine Technik, die ihm dabei hilft, nicht durchzu-
drehen. Die Sprache mag ein Labyrinth sein, in dem
das schreibende Ich sich nicht nur zu verirren droht,
sondern sich im Verlauf dieses Verirrens abhanden-
zukommen scheint. Dennoch gewährt sie ein Minimum an Schutz und Sicherheit. Immerhin sind da
gewisse Mauern, die den freispielenden Wahnsinn
der Fantasie eindämmen. Das Schreiben bewegt sich
Hilfe suchend an den Mauern seines Sprachgefäng-
nisses entlang. Es hält sich an das, was seine Freiheit
reduziert.

APOLOGETEN DES NICHTDENKENS

Wie soll man die Unverantwortlichkeit nennen, die
zum Nichtdenken aufruft? Sie findet nicht jenseits
der Sprache statt. Eher operiert sie inmitten der

Sprache als – angeblich – einzig zulässige Sprache, und mehr noch: als die Instanz, die über zulässigen und unzulässigen Sprachgebrauch verfügt. Selbstverständlich mit den besten Absichten und dem reinsten Gewissen, das man sich vorstellen kann. Es ist dermaßen rein, dass man kaum glauben mag, dass es von dieser Welt ist. Seine Unschuld ist maßlos, weshalb man es nicht anders als unverantwortlich nennen kann. Denn was ist Verantwortung anderes als das Risiko einzugehen, schuldig zu werden in einer Welt, die an allen Ecken und Enden Schuldlosigkeit oder besser Unschuld für sich reklamiert? Kein Krieg, der nicht vorgibt, unschuldig, keine Gewalt, die nicht beansprucht, notwendig zu sein. Keine Moral, die auf Selbstviktimisierung verzichtet, keine empörte Gutheitsanmaßung, die bereit wäre, sich infrage zu stellen. Unverantwortlich ist, wer das Denken unterbricht, bevor es stattfinden kann, indem er ihm seine Instrumente, seinen Humor, seine manchmal bissige, oft ironisch überspitzte Sprache als Unzulässigkeit anrechnet, um nicht hören zu müssen, was – womöglich – gehört zu werden verdient. Die Apologeten des Nichtdenkens machen es sich im Bestehenden bequem. Statt es mit Fragen zu durchlöchern, um seine Konsistenz und Plausibilität zu prüfen, ergehen sie sich in überhasteter Affirmation eines Quietismus', der politisch reaktionär ausfällt. Michel Foucault und Gilles Deleuze zum Beispiel verbindet das humorgetränkte Wissen darum, dass zum Denken Gewalt, statt Gewaltverzicht gehört. Es ist nicht dazu da die narzisstische

Idylle der schönen Seelen unangetastet zu lassen. Es beschießt sie mit Fragen und Gedanken, von denen sie sich nicht erholen. Das ist, was es für sie tun kann: ihre Welt entzaubern, ihre Chimären verjagen, ihre Phantasmen zerstäuben, um sie in die Situation zu versetzen, endlich mit dem Denken anzufangen, statt sich in selbstgerechten Illusionen zu ergehen.

THANATOPHILOSOPHIE

Es gibt keine Philosophie, die nicht Grenzberührung wäre. Sie ist *Verweilen beim Negativen* und rührt an den Tod, meint Hegel. Indem sie es tut, überwindet sie ihn fast. Zumindest nimmt sie ihm seinen Schrecken. Indem sie durch seine Berührung ins Leben zurückschnellt, verleiht sie dem Leben Dringlichkeit. Heidegger hat vom *Vorlaufen in den Tod* gesprochen und von der *Entschlossenheit*, die es bedarf, um von dessen Vorwegnahme aus seine Existenz zu gestalten. Der unausweichlich eintretende Tod, macht das Leben erst lebendig, ließe sich unter Abstandnahme von Heideggers Vokabular sagen. Er versieht es mit einer Nichtindifferenz, die leicht zum Pathos verführt. Aber das muss sie nicht. Eher ermutigt sie das Subjekt, inmitten seiner Situation aus ihr herauszutreten. Dies mindert ihr Gewicht und entzieht ihr ihre Autorität. Sich im Hier-und-Jetzt nicht von ihm gefangen nehmen zu lassen, ist, was wir Freiheit in objektiver Unfreiheit nennen. Das gilt auch fürs Denken: Es resistiert seiner Entkräftung im Element allgemeinen Nicht-denkens, das Adorno mit der *Gesellschaft* assoziiert. So sehr es diesem Element angehört, so entschieden löst es sich von ihm. Alle wichtigen Denker kennen das Problem, sich von dem emanzipieren zu müssen, von dem sie sich nicht befreien können. Auch Wittgenstein denkt in allen Phasen seines Denkens in direkter Relation zum Tod. Eine Tagebuchnotiz vom 9. Mai 1916 lautet: »Der Tod giebt [*sic*] dem Leben erst seine Bedeutung.«[85] Nur das Denken, das ihn aus seinem Selbstverständnis nicht ausschließt, hat eine Chance, seiner Hypostasierung zu entgehen. Es fällt dann weder thanatophil noch thanatophob aus. Als thanatophilosophisches Denken hält es Kontakt zu ihm, indem es sich von ihm entfernt.

VERSUCH

Da man sich schreibend über nichts mehr im Klaren ist, als dass es schiefgeht, nimmt man das Schreiben als den Versuch wahr, sich dieser Wahrheit zu stellen, die die Wahrheit des – künstlerischen = nicht vergeblichen – Lebens ist.

IDENTITÄT

Louise Bourgeois kann weder mit dem Kunstmarkt noch mit dem Ideenmarkt etwas anfangen. Natürlich weiß sie, dass es Künstler gibt, die sich am Kunstmarkt orientieren: »Denn heute ist der Markt eine sehr traurige Angelegenheit, und die jungen Leute fallen darauf herein. Sie arbeiten nur dann kontinuierlich an etwas, wenn sie damit Erfolg haben. Wenn es sich nicht verkauft, wechseln sie ihren Stil. Das ist furchtbar und sehr traurig.«[86] Mit dem Ideenmarkt ist es dasselbe: Aktuell ist Identität seine höchste Währung, was immer man unter ihr versteht. Man vergisst, dass jede Währung Schwankungen unterliegt, dass es Identität nur im Modus der Schwankung gibt oder als Nichtidentität. Es nützt nichts, nach ihr zu suchen oder sie zu erfinden, um sich restlos an sie zu verlieren. Das Identitätsspektakel verweist immer auf ein Scheinproblem = auf unreflektierten Narzissmus. Bourgeois kann deshalb über sich selbst sagen: »Ich habe das Gegenteil eines Identitätsproblems. Ich suche nicht nach Identität. Ich habe zu viel Identität. Meine gescheiterten und scheiternden Beziehungen zu den anderen, das bin ich.«[87]

SUMPF

Man kann vom »inneren Sumpf«[88] sprechen, wie Pascal Quignard es tut, um nicht – aber das ist eine Unterstellung –, den »inneren Schatten«[89] zu evozieren, den Marguerite Duras anspricht, um ihn unangetastet zu lassen, damit niemand weiß, ob sie das Unbewusste meint.

ENTWIRKLICHUNG

In einem Punkt irrt sich Roland Barthes. Mit der Erfahrung der »Entwirklichung« geht nicht das Reale verloren, sondern es meldet sich, mit ungehemmter Vehemenz. Was flöten geht, ist die Realität = der Konsistenz- und Kohärenzzusammenhang, der sich wie ein Schleier übers Reale legt. Dennoch hat Barthes recht damit, die Differenz zwischen Irrealisierung und Derealisierung einzuführen. Die Irrealisierung konnotiert er mit der Neurose, die Derealisierung fällt psychotisch aus: »Wer die Wirklichkeit irrealisiert, ist neurotisch ≠ wer die Wirklichkeit derealisiert, ist verrückt.«[90] Interessant hört sich Barthes' Folgerung an: »Der Verliebte überschreitet die Grenze in beiden Richtungen.« Das aber bedeutet, er fällt zwar ein Stück weit aus der Wirklichkeit, doch er verbleibt auch in ihr. Schließlich ist Verliebtheit der Zustand des Vorwahnsinns, der Resistenz gegenüber der Selbstauflösung des verliebten Subjekts ausdrückt. Es ist diese Resistenz, die aus dem Verliebten einen Liebenden macht = ein trotz seiner Beinaheverrücktheit verantwortliches Subjekt.

HORIZONT

Deleuze bezieht sich auf Foucault, um nicht von sich zu sprechen. Beiden ist klar, dass die Erkenntnis, die die Erkenntnistheorien umreißen, von einem

Jenseits des Erkennbaren begrenzt und erweitert wird. Tatsächlich gibt es Erweiterung durch Begrenzung. Man blickt dann über den Horizont des Annehmbaren hinaus und stellt sich dem Monströsen: »Wenn man etwas sieht und es sehr genau sieht«, schreibt Deleuze, »dann ist das, was man sieht, unerträglich.«[91]

SPUR

In Fragmenten schreiben heißt der Fantasie der Totalität widerstehen. Das Fragment ist kein Bruchstück von ihr, es indiziert ihre Unmöglichkeit. »Das Ganze ist das Unwahre«[92], bedeutet, dass es als solches nicht existiert. Es ist und bleibt Illusion. Was existiert, sind Partikel inexistenter Ganzheit. Das Unfertige ist primordial. An ihm misst sich die fragmentarische Schreibform, wie sie, Agamben erinnert daran, die deutsche Frühromantik »von Friedrich Schlegel bis Novalis«[93] praktiziert. Es wäre falsch, darin einen Ausdruck von Bescheidenheit zu sehen. Eher handelt es sich um die Art von Realismus, die die Begrenztheit menschlicher Erkenntnis als ihr eigentliches Merkmal anerkennt. In der Begrenzung liegt ihre Kraft. Es ist die Kraft, dass Singuläre zu sehen, sowie die irreduzible Mannigfaltigkeit des Singulären, sein überbordendes Werden, den Exzess, den es repräsentiert. Das Fragment ist Anerkennung dieses Exzesses. Es ist von Neugier getriebene Notiz = der Wille, die Spur des Denkens immer wie-

der von Neuem aufzunehmen, ohne wissen zu können, wohin sie einen führt.

AMBIVALENZ DER AUFKLÄRUNG

Dass Aufklärung leicht ins Autoritäre umschlägt,
darf, um ihr gegenüber im Modus der Bejahung
kritisch zu bleiben, statt sie als Ganze zu verwerfen,
kein Grund sein, der Gegenaufklärung zu verfallen. Mit Nietzsche, der sich dieser Gefahr bewusst
ist, aber ihr doch für Momente erliegt (sein Plädoyer
für eine *neue Aufklärung* weist nicht nur progressive
Züge auf), hat Adorno auf der Unhintergehbarkeit
von Aufklärung, solange sie sich über sich selbst auf-
klärt, insistiert. Wie bereits Nietzsche über den Weg
des Ästhetischen. Positivismus ist keine Alternative
zu diktatorischer Metaphysik, Artistik schon = anti-
metaphysische Artistik, die ihre eigene (nachmeta-
physische bzw. metaphysikkritische) Metaphysik
generiert. Sie nutzt den Schein, um ihm nicht zu
verfallen. Das Künstliche hilft bereits Baudelaire, auf
den Adorno sich mit Benjamin bezieht, dem metaphysischen Naturalismus zu opponieren. Es gilt,
sich der falschen Opposition von Sein und Schein
zu entreißen, um in ein erwachsenes Verhältnis zu
beidem zu treten, das sich dieser Pseudo-Opposition
entzieht. »Der konsequenteste Aufklärer«, heißt es in
der *Ästhetischen Theorie*, »täuschte sich nicht darüber, daß durch schiere Konsequenz Motivation und
Sinn von Aufklärung verschwinden. Anstelle der

Selbstreflexion von Aufklärung verübt er Gewalt-
streiche des Gedankens. Sie drücken aus, daß, Wahrheit selbst, deren Idee Aufklärung auslöst, nicht ist
ohne jenen Schein, den sie um der Wahrheit willen
exstirpieren möchte; mit diesem Moment von Wahrheit ist Kunst solidarisch.«[94] Am Wahrheitsbegriff
gibt es nichts zu bemängeln, solange er die Unwahr-
heit faktischen Reflexionsverzichts indiziert. Aufklärung heißt nicht, sich als gerecht oder erleuchtet zu
inszenieren, sondern impliziert das Wissen darum,
dass solche Inszenierung Ideologie = Gegenaufklärung darstellt, – nicht mehr!

INDEFINIT

Eine Tagebuchnotiz Kierkegaards vom 15. Juli 1837:
»Man eifert so sehr gegen Anthropomorphismen
und denkt nicht daran, daß Christi Geburt der
größte und bedeutungsvollste ist.«[95] Gott hat die
Gestalt des Menschen angenommen = er hat sich
anthropomorphisiert. Der unsterbliche Gott ist
sterblich geworden. Mit Christi Geburt = mit dem
Ereignis der Inkarnation, hat er sich zugunsten seines Menschseins als Gott umgebracht. Sein zweiter
Suizid wird der in Gestalt Christi am Kreuz sein.
Doppelter Suizid Gottes also, an den zu glauben
Glaubensgehalt aller Gläubigen wird. Das Christentum erweist sich als atheistisch in diesem Sinn.
In seinem Zentrum persistiert die Vorstellung
vom doppelt toten Gott. In Gestalt von *Gott Vater*

und *Gott Sohn* präsentiert es sich als Religion der Menschwerdung = als Apologie der Endlichkeit. Mit der Auferstehung stehen weder der Vater noch der Sohn auf. Sie öffnet den Weg für die Gemeinschaft der Menschen, die ihre Sterblichkeit bejahen, um aus ihr die Kraft der Selbstverantwortung zu beziehen. Ein anderer Name dieser Verantwortung im Horizont des endlichen Lebens ist Freiheit. Freisein bedeutet, ohne Rückversicherung durch eine göttliche Instanz die Indefinität seiner finiten Existenz zu affirmieren.

SUCHE

Das Objekt der Suche, die jedes Subjekt über sich hinaustreibt, damit es sich im Selbstverlust erfährt, liegt weder in der Vergangenheit, wie Konservative glauben, noch in der Zukunft, wie Progressive es sich erhoffen. Es liegt im Hier und Jetzt: vor unseren Augen und Füßen. Das Unmittelbare ist das Gesuchte. Als unendlich vertrautes ist es unendlich fremd.

SELBSTBETRUG

Ob man vom Unbewussten spricht oder von sonst welchen dem Bewusstsein entzogenen Bewusstseinsschichten: Noch als Selbstbewusstsein erweist sich das Bewusstsein als zerrissenes oder dermaßen in sich eingefaltetes, dass es im Vollzug seiner selbst Entfremdungseffekte generiert, die bis zur totalen Selbstunkenntlichkeit führen können. Für Momente weiß es nicht, was es ist und ob es ist und wer durch es hindurch spricht, während es spricht etc. Der Bewusstseinskäfig kann unendlich eng ausfallen, oder er weitet sich zur Wüste, in der Selbstidentifikation unmöglich ist. Susan Sontag hat darauf hingewiesen, dass die Prosa von Gertrude Stein und Samuel Beckett ein zerbrochenes Ich vorführt, indem sie »unpersönliche Bewusstseinslagen zum Ausdruck bringen.«[96] Das Ich selbst ist apersonal. Es erfährt sich als etwas anderes als ein Selbst. Weder besitzt es sich noch verfügt es über verlässliche Kenntnisse in Bezug auf sich. Es ist, als irre es in sich selbst umher. Sobald es glaubt, sich zu kennen, wird sein Glaube enttäuscht. Immerhin spricht es mit sich. Es kann und will nicht aufhören zu sprechen. Noch sein Schweigen ist Sprache. Allerdings handelt es sich um eine Sprache, die die Inkonsistenz von Sprache bezeugt, ihre primordiale Hinfälligkeit und Geschwätzigkeit, die die Funktion erfüllt, das Bewusstsein von der ihm immanenten Leere zu distanzieren. Es ist ein Selbstbetrug. Doch gibt es das Selbst nur als diesen Betrug, weshalb noch die Literatur, die ihn ermittelt und verurteilt, Verrat an der Leere darstellt, weil sie nicht anders kann, als sie durch immer zu viele Worte zu kaschieren, was Steins und Becketts Bestreben nach einer kargen, das Nichts streifenden Sprache erklärt.

STELZEN

Warum nicht ein wenig Durchblick riskieren, statt es sich im Nichtdenken bequem zu machen? Was es an Slogans, Begriffen und Formeln anbietet, sind Ideologeme, die nicht zu prüfen heißt, mit dem Denken aufzuhören, bevor mit ihm begonnen wurde. Wittgenstein ist, was das betrifft, kompromisslos: »Die Menschen, welche kein Bedürfnis nach Durchsichtigkeit ihrer Argumentation haben, sind für die Philosophie verloren.«[97] Und dennoch hört er nicht auf zu wiederholen, dass die Argumente auf rissigen Stelzen stehen, die ins Wasser der Inkonsistenz reichen, wo der – *letzte* – Halt versagt.

ÜBERSETZT IN FARBE

Paul Cézannes Brief vom 4. Januar 1901 an Joachim Gasquet macht klar, dass sein bedeutendes Spätwerk der verbleibenden fünf Lebensjahre von der Antizipation des kommenden Todes überschattet ist: »Ich muß Ihnen gestehen, daß es immer traurig ist, sozusagen das Leben aufzugeben, während wir noch auf Erden weilen.«[98] Er wolle bis zum Schluss »Widerstand« leisten, fügt er hinzu. Und eben dieser Widerstand drückt sich in den Bildern seiner letzten Lebensphase aus. Es handelt sich um Malerei angesichts des nahenden Todes. Sie verwehrt sich jede Form narzisstischer Sentimentalität. Man könnte meinen, Cézanne betrete mit seinen späten Bildern eine Jenseitswelt, solange man begreift, dass sie *diese hier* ist, die Diesseitswelt, übersetzt in Farbe = in Kunst = »in eine Harmonie, die parallel zur Natur verläuft.«[99]

VERGESSLICHES WASSER

Marguerite Duras nennt ihre Romangestalt Lol V. Stein »meine kleine Wahnsinnige«.[100] Denn Lol ist verrückt aus Liebe. Sie ist neben der Spur. Ihr Leben verläuft außerhalb von ihr. In diesem Außerhalb findet sie sich wieder, ohne zu verstehen, warum: »Sie weiß nicht, was mit ihr vorgeht.«[101] Was nicht heißt, dass sie nichts weiß. Es ist der Status und die Funktion des Wissens, die mit ihrer Erscheinung auf dem Spiel stehen. Duras lässt sie über zwanzig Jahre nach dem Erscheinen des Romans neu auferstehen: »Ihre Haare sind gefärbt, sie ist wie eine Hure geschminkt, als wäre sie von Geburt an zerstört.«[102] Es ist dieses apriorische Zerstörtsein, das sie exemplifiziert, dieses unhintergehbare Nichtsein, in das sie durch ihre Geburt eingetreten ist. Als Totgeborene bewegt sie sich an der Grenze ihrer selbst. Eben das weiß sie und dieses Wissen ist niederschmetternd. Es konvergiert mit dem Verlust sämtlicher Sicherheiten. Sie gräbt sich in ihren Schmerz. Schließlich ist sie eine Verratene. Man hat ihr ihre Fantasie genommen, ihre Liebe. Und da ihr bewusst ist, dass der Verlust unwiederbringlich ist, *billigt* sie ihn, wie Duras ausdrücklich sagt. Sie wehrt sich nicht einmal. Sie nimmt ihn hin, um nicht gegen das Unvermeidliche zu kämpfen, das in der einfachen Wahrheit besteht, dass nichts, was dem menschlichen Subjekt widerfährt, im Medium des Wissens passiert; nichts vom Wesentlichen, das dessen Grenze markiert, auf die Duras mit ihrer kleinen Wahnsinnigen verweist, von der sie sagt, sie habe das Leiden vergessen: »Da gibt es dieses Phänomen im Zusammenhang mit dem Gefrieren. Das Wasser wird bei Null Grad zu Eis, doch kommt es vor, daß die Luft bei dieser Kälte so unbeweglich ist, daß das Wasser *vergißt* zu gefrieren. Seine Temperatur kann sogar auf minus fünf Grad sinken, bis es gefriert.«[103]

SYNTAGMEN

Es gibt Syntagmen Hegels, die klingen, als seien sie von Kafka, der von der »besinnungslose[n] Einsamkeit«[104] spricht. Beim frühen Hegel wird die wechselseitige Berührung der Liebenden, sofern sie »Aufhebung aller Unterscheidung« ist, als »Befühlung bis zur Bewußtlosigkeit«[105] charakterisiert.

NÜCHTERNES FUNKELN

Wittgensteins Sprachgenauigkeit ist einschüchternd noch dort, wo er die Aussagenlogik verlässt. Genau genommen kommt sie erst an deren Grenze zum Glänzen. Sie funkelt wie vom Jenseits der Grenze her, – auf eine nüchterne Art. Wollte man die Sprache vor allem des späteren Wittgenstein (der *Vermischen Bemerkungen* und von *Über Gewissheit* etc.) charakterisieren, müsste von ihrem nüchternen Funkeln die Rede sein, zum Beispiel, wenn er schreibt: »Ich muß, wenn ich zu mir rede, schon auf einem bestehenden / *gegebenen* / Sprachklavier spielen.«[106] Es ist die Klaviatur des Klaviers der existierenden Sprache, das heißt der Welt, nicht ihres Jenseits, die seine Sprache nüchtern, funkelnd zum Erklingen bringt.

MASCHINE

Es sieht so aus, als wolle sich Michaux die Hoffnung auf Neues erhalten. Er schließt die »Denk-Maschine« mit der »Seins-Maschine«[107] kurz, da es Denken nur als dem Sein des Denkenden Entrissenes gibt, damit es aufhöre, sich in sich selbst zu suchen, um den Mut aufzubringen, sich von sich zu befreien.

RENNEN

Man schreibe seiner Gesundheit zuliebe, meint Michaux und hat recht.[108] Bliebe hinzuzufügen, dass man um sein Leben schreibt (und denkt), so wie man um sein Leben rennt. Das Schreiben ist selbst ein Rennen. Wohin es rennt, kann es nicht wissen. Nur, dass es rennt, weiß es. Es rennt und rennt und rennt, um seiner Gesundheit, um seines Lebens willen.

WAHRHEITSBERÜHRUNG

Die Wahrheit macht sehend, denkt man und vergisst dabei, dass das Sehen erblindet, wenn es sich
ungeschützt der Wahrheit nähert, die man nur um
diesen Preis sehen kann. Was Michaux die »blind
machende Botschaft der Wahrheit«[109] nennt, exponiert das Subjekt dem Jenseits der üblichen Evidenzen. Es stellt sich das Gefühl einer ihnen widerspre-
chenden Gegenevidenz ein. Da ist ein Licht, das die
übrigen Lichter überstrahlt. Es fällt dermaßen hell
aus, dass keine Helligkeit mit ihm konkurrieren
kann. Wer es wahrgenommen hat, erblindet. Doch
wird die Blindheit Indiz einer Wahrheitsberührung
sein.

AM HELLLICHTEN TAG

Was Blanchot und Michaux verbindet? Dass ihr
Denken und Schreiben sich der Erfahrung des Unerfahrbaren nähert. Bei Michaux sind es die Drogen-
experimente, die ihn der Psychose zutreiben, dem
»Abgrund der Evidenz«. Er spricht vom Delir, das
vom »Gefühl *der totalen Gewißheit*«[110] begleitet wird.
Der lichtdurchtränkte Geist begreift, dass seine Welt
sich aufzulösen beginnt. Er verliert den Kontakt zu
ihr. Der Faden reißt. Ihm geht ein Universum verloren: »Jeder Geisteskranke weiß, daß ihm etwas
Wichtiges entgeht.«[111] Nicht etwas: alles Wichtige,
alles, was seine Welt war, entgeht ihm mit absoluter

Gewissheit, »bis er wirklich den Kopf verliert, den Faden, jeden Faden und in eine leere Welt vordringt, die für ihn immer unzusammenhängender ist, die sich in immer entsetzlicherer Weise seinem Zugriff entzieht.«[112] So schildert es Michaux, als antwortete er auf die 1949 erstmalig publizierte Erzählung *La folie du jour* von Maurice Blanchot. Was ist der Wahnsinn des Tages? Korrespondiert er mit dem Abgrund der Evidenz, die mit dem Wahn koinzidiert = mit der Erfahrung der Ununterscheidbarkeit von Tag und Nacht, Licht und Dunkelheit, Vernunft und Irrsinn etc.? Zumindest ist klar, dass ein Übermaß an Hellsichtigkeit in die Psychose treibt. Das Subjekt entgleitet sich, es zerfällt am helllichten Tag. Mit seiner Welt löst es sich auf. Plötzlich schwimmt es im Unbegrenzten. Plötzlich ist es, wie Michaux sagt, »seiner Endlichkeit beraubt«. Nichts Entsetzlicheres als dies: inmitten der Leere, im gleißenden Licht eines unendlichen Tages, das Vertrauen auf seine Sterblichkeit einzubüßen, in »der trunkenen Weite des Wahnsinns«[113] weiterleben zu müssen, ohne die geringste Hoffnung, jemals erlöst zu sein.

BLINDFLUG

Das Denken als Erhebung zu konzeptualisieren, ist Hegels problematischster und bester Gedanke. Ihn zu verwerfen, ist längst Routine. Aber wohin soll die Route führen, wenn nicht an der Routine vorbei? Nicht ins teleologisch Garantierte = vorab Versprochene = antizipatorisch erschlossene Gelände, sondern in sein Jenseits, angesichts dessen die Instrumente zu seiner Erfassung versagen. Dorthin also, wo sich das Denken als ebenso progressiver wie schutzloser Blindflug erweist.

REGENBOGEN

Die Traurigkeit ist eine Leidenschaft. Oft vergräbt sich das Subjekt euphorisch in sie. Warum es das tut, können nicht einmal die Sterne wissen. Vielleicht denkt es, dass nur die Traurigkeit es glücklich macht. Man darf nicht der Illusion erliegen, wie Lacan im Psychosen-Seminar von 1955–1956 kritisch in Bezug auf Jaspers anmerkt, dass es das unerfüllte Begehren sei, das seine Protagonisten in die Verzweiflung zerrt. Schließlich gibt es »Leute, die alles haben, was ihr Herz begehrt, und die trotzdem traurig sind.«[114] Was ist mit ihnen, was ist der Gegenstand ihrer Traurigkeit? Wollte man diese Fragen kurz beantworten, könnte man meinen, dass nichts trauriger macht als erfülltes Begehren. Nicht, dass es keinerlei Befriedigung in Aussicht stellt und tatsächlich leistet. Die Befriedigung findet statt, ohne *als solche* befriedigend zu sein. Plötzlich befindet man sich am Ursprung des Regenbogens und begreift, dass da *nichts* ist. Nichts als die Erscheinung irisierender Wassertropfen.[115] Man hat sich mehr erhofft, als *da* ist. Man meinte einen Schatz zu bergen. So verhält es sich mit der durchs erfüllte Begehren induzierten

Traurigkeit. Die Erfüllung erfüllt nicht, aber sie findet statt. Solange das Subjekt sein Begehren wachhält, indem es es als Begehren des Begehrens unerfüllt lässt, solange beflügelt es die Art von Heiterkeit, die jeder Verliebte kennt. Wehe aber, es versucht hinters Phänomen zu blicken, um einer verborgenen Wahrheit nachzuspüren. Sobald es sein Begehren mit allem füttert, auf das es sich richtet, gerät es in den Zustand metaphysischer Völlerei. Indem es alles hat = sich alles einverleibt, hat es nichts mehr. Deshalb ist es traurig. Es weiß nun, dass es keine finale Befriedigung gibt.

MATERIALITÄT DER SPRACHE

Vielleicht verspürt jeder Dichtende den Drang an die Grenze der Sprache zu gehen. Dass diese Grenze nicht in einem fernen Nirgendwo, sondern inmitten der Sprache verläuft, ist bekannt. Das Unsagbare schwingt im Sagbaren mit. Das Bedeutungslose schaukelt das Bedeutsame hoch und wieder zurück. Dorthin, wo weder Sinn noch Bedeutung existieren, im kruden Material, das die Sprache immer auch ist. Der Materialität der Sprache sind Hölderlins Sophokles-Übertragungen zur Belustigung Goethes und Schillers nachgegangen. Man kann auch von ihrer bloßen Naturalität sprechen. Agamben spricht von ihrer Stofflichkeit. Sie ist hölzernes Gewebe. Die Dichtung spürt ihrer Faserigkeit nach. »Wo die Sprache endet«, schreibt Agamben, »beginnt nicht das Unsagbare, sondern der Stoff des Wortes. Wer niemals, wie im Traum, an diese hölzerne Substanz der Sprache [...] gerührt hat, der ist, selbst wenn er schweigt, ein Gefangener der Vorstellung.«[116] Denn die Vorstellung ist, was sich als Sinngewebe über den nackten Stoff der Sprache legt. Der Stoff selbst ist Gewebe, doch handelt es sich um eines im Zustand roher Insignifikanz. Mit ihr tritt die Materialität der Sprache hervor, ihr Nichtbedeutenwollen. Dichten heißt sich mit ihm einverstanden erklären, um ihm zugleich hinterrücks Bedeutungen unterzuschieben.

LOCH IM SEIN

Kontinuität gibt es, wenn es Diskontinuität gibt, Konsistenz beweist sich durch mögliche wie reale Inkonsistenz. Hegel kann mit differenzloser Identität nichts anfangen, so wie Wittgenstein das Sagbare nur im Verhältnis zum Unsagbaren gelten lässt. Hans Blumenberg stellt sich die Frage, ob Wirklichkeit sei, was Spuren hinterlässt.[117] Und dennoch ist jede Spur Index einer Abwesenheit oder Unwirklichkeit. Sie verweist auf die Präsenz des Absenten. Indem sie es tut, markiert sie ein Loch im Seinskontinuum. Es wäre falsch zu meinen, dieses Loch oder diese Lücke sei privilegierter Gegenstand bzw. Nichtgegenstand postmodernen Denkens. Bereits Platon richtet den Blick auf die unsichtbare Sonne als die Idee des Guten (ἡ τοῦ ἀγαθοῦ ἰδέα), die »jenseits des Seins« (ἐπέκεινα τῆς οὐσίας)[118] sei. Wenn es eine Kontinuität der okzidentalen Ontologien gibt, besteht sie darin, dass sie ausnahmslos ins Nichts zeigen, ob man es Leere, Gott, Chaos, das Reale oder Inexistente nennt.

FILMEMACHEN

Auch das Filmemachen ist ein Schreiben, wenn man Marguerite Duras folgt. Es konfrontiert sich mit dem, was sie »die grandiose, unermeßliche Ungereimtheit des Lebens«[119] nennt. Da ist immer Ungreifbares im Spiel: eine kalte Gesetzmäßigkeit, die jeder Vorstellung von Gerechtigkeit spottet. Duras' Stärke liegt darin, ihr Schreiben und Filmemachen aufs Unverfügbare zu öffnen, statt es überhastet zu retuschieren: »Man muß das Außen auf sich zukommen lassen«.[120] Das aber heißt: Innerlichkeit ist keine Option. Das gesamte Unternehmen von Duras widersetzt sich der kleinmütigen Innerlichkeit, es opponiert jeglicher Metaphysik der Interiorität. Was sie interessiert, sind die überbordenden Realitätsanteile, die sich weder imaginär entkräften noch symbolisch neutralisieren lassen. In diesem Sinn avisiert sie, was Lacan das Reale nennt, das als Unmögliches im Möglichkeitsspektrum interveniert. Es interveniert und persistiert. Es insistiert, hört also nicht auf, seine Präsenz einzuklagen, wo es ausgeschlossen werden soll, damit man sich einen Reim aufs Leben machen kann. Schreiben aber bedeutet, der Harmonisierung der Selbst- und Weltverhältnisse zu widersprechen. Wer schreibt, fügt sich dem Unverfügbaren. So soll auch das Kino aussehen, das Duras vorschwebt. Es soll ein Kino der Unverfügbarkeit sein, das sich »dem reflexartigen Konsumverhalten«[121] entzieht, um ein Denken freizusetzen, das sich der Auseinandersetzung mit dem Nichtkonsumierbaren der Wirklichkeit verdankt. Erst diese Auseinandersetzung bringt die Chance mit sich, nicht vollständig an der Realität vorbeizusehen. Es gibt eine Unerbittlichkeit bei Duras, die zur Konfrontation mit dem Unerträglichen aufruft. Hierin steckt, was man ihren spezifischen Humanismus nennen kann. Nennen wir ihn einen Humanismus des Inhumanen, der sich weigert, die Grausamkeit des Lebens zu ignorieren.

KOMISCHE VERGEBLICHKEIT

Wollte man Beckett wörtlich nehmen, stellte man fest, dass es ihm ständig ums Gleiche geht. Das *Gleiche nochmal anders* = die Gleichheit des anderen wie die Andersheit des Gleichen. Er dreht sich wie in einem Karussell. Wer will, kann vom Karussell der *ewigen Wiederkunft des Gleichen* sprechen, um es in die Perspektive Nietzsches zu rücken. Da findet ein Bruch mit Kausalität und Linearität statt, ein wiederholtes Anheben im Vergangenen wie ein nicht enden wollendes Ausklingen im Hier-und-Jetzt, das sich nur deshalb in die Vergangenheit zurückzieht, um einem weiteren Hier-und-Jetzt Platz zu machen, in dem alles von vorne beginnt. Nicht, dass nichts geschähe. Es passiert eine ganze Menge. Allerdings ist, was passiert, von der Vergeblichkeit, es festzuhalten, geschlagen, sodass das Selbst sich als Schauplatz einer leer drehenden Dynamik begreift. Es assistiert sich mehr, als es selbst zu sein. Daher die Komik vieler Passagen: Das Eigentliche findet als Uneigentlichkeit statt, im Zustand originärer Selbstentfremdung, bis da nur noch dieser Leerlauf ist. Leerlauf, wozu? Eben dies kann niemand wissen. Der finale Zweck erweist sich als Phantasma. Aufhören, um ihn zu kämpfen, ist dennoch keine Option. Der Kampf ist sinnlos, aber notwendig. Die Vergeblichkeit der Anstrengung rechtfertigt sie. Vor wem? Vor niemandem, was sie umso dringlicher, verzweifelter, aber auch heiterer erscheinen lässt.

SEILTÄNZER

Neben Kafka und Genet – und natürlich Nietzsche – kommt Wittgenstein auf die Figur des Seiltänzers zu sprechen. Auf dem Seil lässt sich gehen, tanzen oder springen. Rechts und links des Seils wartet der Abgrund. Bei Kafka ist das Seil nur knapp über dem Boden gespannt. Als solches stellt es einen Zwischenboden dar. Das Seil der Seiltänzer-Überlegungen Genets ist dasjenige im Zirkus. Wer sich ihm anvertraut, vertraut ihm sein Leben an. Wittgenstein wiederum bringt es mit der religiösen Erfahrung zusammen, denn was bedeutet glauben, wenn nicht ohne überprüfbaren Grund vertrauen? »Der ehrliche religiöse Denker«, schreibt er, »ist wie ein Seiltänzer. Er geht, dem Anscheine nach, beinahe nur auf der Luft. Sein Boden ist der schmalste, der sich denken lässt, und doch lässt sich auf ihm wirklich gehen.«[122] Führt man diese Äußerung mit den Überlegungen Wittgensteins zur Gewissheit eng, wird klar, dass es keine Alternative zur Seiltänzerreligiosität gibt. Noch der kritischste oder skeptischste Geist vertraut sich einem Seil an, von dem er nicht wissen kann, ob es ihn tragen wird. Ohne es wissen zu können, bleibt ihm nichts übrig, als sich dennoch auf es zu wagen.

SEINSKASINO

Mit dem Tod Gottes sind die Zwecke verloren gegangen oder sie treten an die Stelle Gottes als immer unzureichendes Substitut. Es gibt Mittel, doch wo sind die Zwecke? Oder, warum genügen die Substitute, die sie sind, nicht, um zu einer anderen Diagnose des postnietzscheanischen Zeitalters zu gelangen als zu derjenigen, die es als uferlosen Nihilismus markiert? Bereits Nietzsche stellt sich diese Fragen. Sein Denken hat vor allem in seiner Spätphase zur Zertrümmerung der Götzen angesetzt. Er weiß, dass sich ohne Gottesersatz nicht leben lässt. Nicht weniger klar ist ihm, dass der Götzendienst den Nihilismus bestärkt, statt ihm etwas entgegenzusetzen. Folglich heißt Denken für ihn, sich dem Projekt der *Umwertung aller Werte* zu widmen, im vollen Bewusstsein darüber, dass die neuen Werte, so wenig nihilistisch sie erscheinen, ontologisch fragil oder inkonsistent bleiben. Auch sie sind Chimären, jetzt allerdings am Horizont des von Gott befreiten Himmels. Die Welt erweist sich als Börse, die Gewinnchancen in ihr als trügerisch. Sie ist ein Kasino, das auf Kosten der ihm süchtig verfallenen Spieler *immer* gewinnt, weshalb die Spieler nur Verlierer sein können. Am Ende des Spiels erwartet sie der Abgrund vollendeter Besitzlosigkeit. Spielen, also Leben, bedeutet, sich der Leere dieses Abgrunds zu assimilieren, um sich schließlich ganz in ihn zu versenken, als sei alles, was man tut, im Vorhinein dem Nichts geschuldet, als dessen Schuldner jeder Einzelne erscheint. Guy Debord spricht von der *Gesellschaft des Spektakels*, um das Spiegelkabinett des Nichts als eigentliche Gestalt des (zu seiner Zeit) aktuellen Kapitalismus zu deklarieren. Alles, was hier passiert, verdeutlicht die nihilistische Wahrheit, dass nichts in diesem Spektakel einen Wert für sich darstellt. Alles ist nichts als nichts. Daher der Lärm und Aufruhr in dieser Zone. Deshalb das Geschrei der Broker, das längst der gespenstischen Stille im Hochfrequenzbereich flüsternder Algorithmen gewichen ist. Die gewaltigen Gewinne, die der Hochfrequenzhandel in Aussicht stellt oder faktisch generiert, spiegeln das Nichts wider, aus dem sie kommen und in das sie zurückfallen werden. Was Nietzsche als die *ewige Wiederkunft des Gleichen* zu denken gibt, meint auch dies: dass Ja-Sagen zu ihr bedeutet, sich mit dem unwiderruflichen Verlust des Seins zugunsten eines sich fortwährend überschlagenden Werdens zu arrangieren, um ein für alle Mal die Hoffnung aufzugeben, das alles ergäbe Sinn.

FALLEN

Ob man sich in die Arme fällt oder auf den Boden: Es wird nicht der Fall ins Leere sein. Vielleicht ist das die Kernaussage des späten Wittgenstein: dass das Subjekt kaum in die Leere stürzen kann. Oder es gelingt ihm nur als ein Stürzen innerhalb seiner Welt = seines Bezugssystems. Statt Abfall vom Glauben an sein Koordinatensystem zu sein, bestätigt es. Und dennoch: Selbst Wittgenstein zieht in einigen Bemerkungen von *Über Gewissheit* den Sturz aus der Gewissheitsmatrix in Betracht. Er käme dem Verlust sämtlicher Evidenzen gleich, wäre Verlust des Bodens, Verlust jeglicher Konsistenz. Es ist diese Verlusterfahrung, das Zerfließen meiner Anhaltspunkte, die die Psychoanalyse mit der Psychose konnotiert. Plötzlich oder allmählich bricht der Wahnsinn über mich ein. Nichts ist ungewisser, als dass er bezeugt werden kann. In Bezug auf Cy Twombly und Rainer Maria Rilkes zehnte Duineser Elegie kommt Agamben auf die Bewegung des Fallens zu sprechen.[123] Es gibt ein Fallen, das dem Sturz nach oben gleicht, dorthin, wo nichts ist. Als würde der Mensch, dem dieser Sturz widerfährt, der Schwerkraft trotzen, die nur ein anderer Name für die Normalität ist. Es sieht so aus, als wäre dieser trotzige Sturz oder dieses widerstrebende Fallen das, was die

Dynamik des Denkens wie der künstlerischen Praxis beschreibt. Als bohrten sie Löcher in den leeren Himmel, um sich dem Unbekannten zu nähern.

EGO MORIOR

In Erwartung des Todes findet sich der Sterbende der Leere exponiert, die ihn zeit seines Lebens umgab. Jetzt sieht er sie in allem. Alles, was ist, erweist sich als immer schon von ihr heimgesucht. Gespenstische Leere, die alles Seiende bewohnt. Statt hinter mir oder vor mir zu liegen, ist sie reine Gegenwart, entkleidet von sämtlichen Attributen, die sie der Sichtbarkeit entziehen. »Im Sterben werde ich, ohne entweichen zu können, die Zerrissenheit gewahren, die meine Natur konstituiert und in der ich ›das, was existiert‹, transzendiert habe«, schreibt Bataille. Ob man von Zerrissenheit spricht oder von originärem Nichtsein, das das Sein des Subjekts ausmacht, ist einerlei. Entscheidend ist, dass es über unendlich mehr Nichtsein und Zerrissenheit als über Sein und Kohärenz verfügt. Das »Ich sterbe«, meint Bataille, »gewahrt wirklich, was es umgibt, als eine Leere und sich selbst als eine Herausforderung dieser Leere [...].«[124] Mit ihm wandelt sich das Vertraute ins Unvertraute, aber auch umgekehrt: Das Unvertraute erweist sich als das Einzige, dem ich mich anvertrauen kann.

HOMMAGE

Lacan geht vor Duras in die Knie.[125] Er kauert vor ihr, wie Lol V. Stein es im Roggenfeld unter dem Fenster der Liebenden tut. Warum tut er das? Vielleicht, weil Verstehen bis an die Liebesgrenze und über sie hinaus Demut impliziert = die Art von Kniefall oder Unsichtbarkeit, die signalisiert: Ich bin bereit, mich allem zu enthalten, um durch die Enthaltung bei euch zu sein, – wenn auch von außen, denn ich habe nichts mit eurer Ahnungslosigkeit zu tun.

LESEN

Wie Wittgenstein betont auch Heidegger (in einem Brief vom 10. Februar 1928 an Karl Jaspers), »ein sehr langsamer Leser«[126] zu sein. Langsamkeit steht hier für Genauigkeit. Wer schnell liest, riskiert, das Gelesene zu überlesen = nicht in es einzudringen = es nicht zu verstehen. Das leuchtet jedem ein. Dennoch gibt es keine philosophische Lektüre, die sich nicht überhastet, um atemlos auszufallen. Zudem muss man sämtliche Texte auch rückwärts lesen, um sie nicht gänzlich zu verfehlen. Wie soll man den Gehalt der Seite 3 erfassen, ohne bereits Seite 4 oder 5 zu kennen? Schnelllesen heißt nicht ungenau lesen. Es bedeutet, sich den Text rauschhaft anzueignen, ihn im Fieberwahn zu durchfliegen, um sich im Moment seiner Aneignung von ihm zu trennen. Wer es nicht tut, rezipiert nur, statt ins Denken zu kommen. Denken heißt, während des Lesens mit dem Lesen aufzuhören.

HEILIGES CHAOS

Schon der frühe Deleuze hat die Grundlosigkeit der Gründe zu denken begonnen. Vorher haben es Hölderlin, Wittgenstein und Heidegger getan. Der Grund tritt an die Stelle der fliehenden Götter. Wo sie waren, ist jetzt, was sie verdeckten, weil es immer schon da war: die Unerklärlichkeit einer Wunde, das klaffende Chaos, das dem Gesetz seinen abgründigen Grund setzt, damit es keiner es überfordernden Begründung bedarf. »Das Chaos ist das Heilige selbst«[127], schreibt Heidegger in seinen *Erläuterungen zu Hölderlins Dichtung*. Worum geht es ihm, und nach ihm Deleuze? Eine Antwort könnte lauten: ums Aufspüren dessen, was als Hintergrund der Logos-Kultur sie a priori unterminiert.

GEGENSTANDSLOS

Dass »Gott nur eine Richtung der Liebe ist, kein Liebesgegenstand«[128], steht in Rilkes *Die Aufzeichnungen des Malte Laurids Brigge*. Mit Simone Weil und Jacques Lacan könnte man behaupten, dass die Liebe gegenstandslos bleibt. Sie richtet sich an jemanden und diese Gerichtetheit ist nicht nichts. Sie ist Verfehlung des anderen. Geht sie in der Verfehlung auf? Vielleicht nicht auf, aber zumindest nicht unter. Schmerzhaft ist sie immer. Weil schreibt: »Begehrt man eine Liebe, welche die Seele vor Verletzungen schützt, muss man etwas anderes als Gott lieben.« Sie hätte auch sagen können: muss man aufhören zu lieben.

HURRIKAN

Zu Gustav Mahler meint Adorno, dass dessen Musik, trotz «ihres konservativen Materials [...] eminent modern [...] darin [sei], daß sie kein sinnhaftes Ganzes surrogiert, sondern dem entfremdet Zufälligen sich hinwirft, um darin va banque ihre Chance wahrzunehmen.«[129] Sollte Mahler – wie alle Künstler – ein Glücksspieler sein? Der Satz ist für Adornos Ästhetik beispielhaft, weil er Kunst als Risikounternehmen definiert, das sich, wie nur Berufsspieler es können, nicht aus der Ruhe bringen lässt, da es die Ruhe selbst ist = das Auge des Hurrikans.

NICHT FERTIG MIT NIETZSCHE

Während Hegel von schmerzlicher Selbstnegation = Begriffsarbeit spricht, treibt Nietzsche das Denken aus sich heraus. Er schließt es mit seinem dionysischen Abgrund kurz. Schopenhauers *blinder Wille* transformiert sich in seinem Denken zum *Willen zur Macht*. Seine Kritik an der Aufklärung ist Traum ihrer Erweiterung. Unter den posthumen Fragmenten gibt es viele, die eine *neue Aufklärung* skizzieren. Sie tun es mit einer Vehemenz und Fragwürdigkeit, die man nicht übersehen kann. Sloterdijk insistiert zu Recht darauf, »daß Nietzsche – trotz seiner unberechenbaren Schwankungen und seiner bösen Töne – keine Gegenaufklärung lehrt«[130], sondern sich mit dem Projekt einer selbstaufklärerischen Aufklärung identifiziert, die sich – ohne ins Vorkritische zurückzufallen – radikal infrage stellt. Es ist diese Radikalität, die an die Stelle der feisten Selbstgerechtigkeit der angeblich bereits in allem Aufgeklärten tritt, um den Aufklärungsprozess als nie abgeschlossene Dynamik aufzufassen und zu praktizieren. Es gibt bei Nietzsche eine Unruhe, die derjenigen Hegels in nichts nachsteht. Sie ruft zur Zertrümmerung der Pseudogewissheiten auf. Sie tut es mit einer Denk- und Sprachgenauigkeit, die selten ist. Nietzsche als Ganzes zu verwerfen, ist Privileg derer, die ihn kaum zu lesen begonnen haben. Wer sich auf die Lektüre seines Werks einlässt, stößt zwar auf Widersprüche und Ungereimtheiten, sowie auf Werturteile, die abstrus und unannehmbar ausfallen, aber er macht vor allem die Erfahrung, dass Denken und Aufklärung sich in einem Prozess fortwährender Selbstkomplizierung befinden, den Derrida *Dekonstruktion* genannt hat: ein Denken, das nicht mit sich fertig wird.

LIEBESDYNAMIK

Die der Liebeserfahrung konstitutive Enttäuschung lässt nicht nur die Schuppen von den Augen fallen, sie belegt zugleich den imaginären Anteil der Liebe. Ohne Imaginäres keine Liebe, könnte man mit Lacan meinen. Die narzisstische Projektion gehört der Liebesdynamik in dem Maße an, dass ihre Auflösung die Dynamik zum Stillstand bring. Plötzlich ist da nur noch ein Pfeil, der in die Leere weist. Der Liebende begreift, dass Lieben heißt, sich diesem Pfeil anzuvertrauen, wohin immer er ihn führt, da zur Liebe die Bereitschaft gehört, sich verführen zu lassen.

SELBSTBEZICHTIGUNGSNARZISSMUS

Von Wittgenstein weiß man, dass er sich sein Leben lang selbst bezichtigte, diesen oder jenen Fehler gemacht zu haben oder dieser oder jener Schwäche (Feigheit, Eitelkeit, Unanständigkeit) nachgegeben zu haben. Sein Ziel ist explizit, wie es bei Rush Rhees heißt, *vollkommen* zu sein.[131] Erstaunlich dabei: dass es – soweit ich sehe – keine Hinweise darauf gibt, dass er sich darüber im Klaren war, wie sehr das Streben nach Vollkommenheit und die andauernde Selbstbezichtigung Ausdruck von rückhaltlosem Narzissmus sind. Ein wenig Güte oder Großzügigkeit hätte gereicht, um sich vom Selbstbezichtigungsnarzissmus zu befreien, um menschlicher auf sich

und andere zu blicken. Er schreibt schließlich selbst
einmal: »Laß uns menschlich sein.«[132]

SINN

Wollte man sich dem Vorwurf der Vereinfachung
aussetzen, ließe sich sagen, dass das Denken Jean-
Luc Nancys in seinem Festhalten am Begriff des
Sinns gipfelt, indem es ihn vom Gipfel stößt. Derrida
soll ihm gegenüber zum Sinnbegriff gemeint haben:
»Was für ein grobes Wort«.[133] Und dennoch bewun-
derte er an Nancy dessen Mut, sich den großen
Begriffen der philosophischen Tradition (wie Sinn,
Freiheit, Welt etc.) affirmativ zu stellen = sie weiterhin in Gebrauch zu nehmen, schließlich dekonstruieren sie sich bei genauem Hinsehen selbst. Und
diese Selbstdekonstruktion *ist* ihr Sinn. Der Sinn
zerstört oder entzieht sich. Der Entzug und die Zerstörung sind das, was Nancy weiterhin Sinn nennt:
die Verflüchtigung all dessen, was ist und dabei sinn-
voll arrangiert erscheint, das Werden des Seins, seine
Beuge gen Nichts, dorthin, woraus alles kommt und
wohin es zurückschlägt. Das Wort mag grob sein,
wie alle großen Wörter. Dennoch ist es unverzichtbar. Auf seiner Unverzichtbarkeit zu insistieren, ist,
was Nancy, trotz aller berechtigten Bedenken oder
ihretwegen, Denken nennt. Obwohl Derrida die großen Wörter nur mittels ihrer Suspension = in Anführungszeichen gebrauchen wollte, wusste auch er
um ihre Unhintergehbarkeit. Schließlich ist noch das

subtilste Denken nicht vor der Notwendigkeit einer gewissen Vereinfachung gefeit.

VERHEXUNG

Man soll sich nicht behexen bzw. verhexen lassen, meint Wittgenstein.[134] Nicht durch die Sprache. Deshalb sei es gut, sie, die er als Mittel auffasst, möglichst genau zu verstehen. Und dennoch weiß auch er, dass sie mehr als ein Mittel ist, da der Mensch, der sie verwendet, von ihr selbst in Gebrauch genommen wird. Er ist Gesprochener der Sprache, die er spricht. Als in Sprachspiele und Lebensformen, über die er kaum selbst entschieden hat, Eingebetter ist er Subjekt wie Objekt der Sprache. Das aber heißt, dass sie durch ihn hindurch rauscht wie ein unaufhaltsamer Strom. Er befindet sich im Sprachstrom und wird von ihm mitgerissen. Und dieses Mitgerissensein kommt der Verhexung trotz allem nah. Man könnte meinen, der Widerstand ihr gegenüber verdankt sich ihr.

VULKAN

Dass die Philosophie sich am Rand ihrer selbst bewegt, ist jedem Philosophen spätestens nach Empdokles bekannt. Das Denken siedelt am Krater eines Vulkans. Es darf nicht in ihn stürzen und es muss ihm doch so nah wie möglich bleiben, um nicht beschwichtigendes Gerede oder selbstgefälliges Meinungsspiel zu sein. Es erschöpft sich nicht in billiger Zeitdiagnostik, was nicht heißt, dass es nicht auch diagnostische Züge aufweist. Doch was es wirklich tut, ist, dem *Weltbild*, um das Wort Heideggers aufzunehmen, seine (weltanschauliche) Arbitrarität zu attestieren. Es bohrt Löcher in den Diskurs, ins Mathem, in die Wissenstextur, wie Lacan weiß. Die Philosophie ist ein Gewaltakt, der uns den letzten Glauben an die Konsistenz unserer Evidenzen nimmt. Dennoch schubst sie den Denkenden nicht in den Krater des Vulkans. Sie hält ihn davon ab, es selbst zu tun, indem sie ihm seinen Platz an dessen Rändern zuweist. Wer denkt, muss darauf gefasst sein, im Grenzbereich zwischen Sein und Nichts, Leben und Tod zu operieren. Nichts anderes hat Beckett getan.

ENTSELBSTUNG

Eine Notiz aus Nietzsches nachgelassenen Fragmenten von 1881: »Es gibt keinen Selbsterhaltungstrieb!«[135] Wie recht er hat! Zumindest scheint der Selbsterhaltungs- oder Lebenstrieb vom Todestrieb durchschossen zu sein, sodass es kein Subjektleben gibt, das nicht von seiner Nichtung träumt. Keines, das nicht davon träumt, nicht mehr zu sein! Und dieser Traum ist alles andere als Träumerei. Durch ihn drückt sich die Art von Autoaggression aus, die nach Entselbstung strebt, flankiert von der Vorstellung, nur im Selbstverlust man selbst zu sein.

NOTIZ ZU LOUISE BOURGEOIS

Im Gespräch mit Donald Kuspit erörtert Louise Bourgeois das Verhältnis von Furcht und Angst. Ihre Kunst kommt aus der Angst. Als Künstlerin gelte es, sich ihr furchtlos zu stellen. Nicht die Angst ist das Problem = die Lebensangst, die, wie Schelling meint, die Kreatur aus dem Zentrum treibt. Sie ist unhintergehbar. Zum Problem wird sie, wenn man ihr ausweicht, statt sich furchtlos mit ihr zu konfrontieren. Bourgeois insistiert auf der Notwendigkeit dieser Konfrontation. Sie sei furchtlos in ihrer künstlerischen Arbeit, was nicht bedeutet, dass sie ihre Angst zum Verschwinden bringt. Alle Kunst entstehe aus »schrecklichem Scheitern«. Sie fühlt sich Francis Bacon nah. Doch zuletzt sei die Künstlerin mit sich allein, in voller Verantwortung für ihr Tun, das das Scheitern einschließt wie das Weitermachen oder den Neubeginn. Nie käme Bourgeois auf den Gedanken, ihre Egozentrik zu leugnen. Nie ergeht sie sich in prätentiöser Pseudobescheidenheit. Ihre Wahrhaftigkeit liegt in der Konzentration aufs Wesentliche, ohne der Lüge oder Erfolgsreligion zu verfallen: »Ich bin selbstsüchtig, wie alle Künstler. Allerdings ertrage ich keinen Unsinn, den ganzen Unsinn, der mit dem Erfolg verbunden ist.«[136]

DON'T CRY – THINK!

Natürlich gehört Aufsässigkeit zum Denken. Allerdings handelt es sich um eine Aufsässigkeit, die sich den Rückfall ins Reaktionäre verbietet, indem sie sich dem Ressentiment wie der Larmoyanz widersetzt, um einen klaren Blick zu riskieren, statt sich in verwässerten Visionen zu verlieren.

NOCH EINMAL ZU BARTHES

Als Roland Barthes 1980 mit vierundsechzig Jahren starb, verfasste Susan Sontag einen Text über ihn. Wie immer in ihren Autorenporträts trifft sie den Punkt, indem sie Barthes dieselbe Fähigkeit attestiert: »Alles, was er schrieb, war interessant – lebhaft, voller Tempo, dicht, *pointiert*.«[137] Barthes ist ein ebenso genauer wie verspielter Semiotiker und Leser. Seine Verspieltheit ist nie geschwätzig. Eher drückt sie Leichtigkeit aus, bei gleichzeitiger Verdichtung. Er liebte, wie man weiß, Haikus. Dem Pathos der Schwere konnte er nicht viel abgewinnen. Dennoch fiel ihm nicht ein, sich in Oberflächlichkeit zu retten. Dafür war ihm die Doxa zu verhasst. An den Oberflächen liest er die ihnen zugrunde liegenden Alltagsmythologien ab. Immer ist er im Streit mit der Ideologie. Falsche Ernsthaftigkeit langweilt ihn, die Kolloquien an den Universitäten, das aufgeplusterte Exzellenzgehabe, die Beschränktheit des intellektuell überforderten Journalismus etc. Hier trifft sich

Sontag mit ihm. Sie kann weder mit geschraubtem Akademismus noch mit selbstgerechtem Meinungstheater etwas anfangen. Was sie liebt, ist Präzision und Intelligenz. Barthes ist hier vorbildhaft. Seine Texte sind feinsinnig, genau und streng, seine Sprache dicht, doch nie verklumpt. Die Lust am Text ist jedem seiner Texte anzumerken. Sie sind verführerisch, von schwebender Erotik, die sich nicht den geringsten Kompromiss mit der politischen Vulgata erlaubt. Das macht sie widerständig, lehrreich und schön.

NOTIZ ZU CIXOUS

Das Denken wird immer mit dem Guten hadern. Nicht, weil es für das Böse ist, sondern, weil es weiß, dass es kein Gutes gibt, das nicht sein Gegenteil implizierte. Deshalb lässt sich Politik nicht durch Moral substituieren, da jede Moral Setzung des Guten unter Ausblendung des ihm inhärenten Bösen ist. Am besten wäre, man entfernt sich mit Nietzsche vom Moralismus des Guten wie Bösen. Und dennoch geht es nicht ohne Moral und sei sie die Moral dieser Entfernung, Moral jenseits von Gut und Böse, wenn es so etwas geben kann. Hélène Cixous erwägt die Möglichkeit der Inversion dieser Begriffe: »Es kann sehr schlimm sein, gut zu sein.«[138] Ihr Beispiel ist die Mutter. Natürlich will sie das Gute für ihr Kind. Doch indem sie es will, missachtet sie bereits den Willen des Kindes, das womöglich (eigentlich immer) etwas anderes für sich will. Das Gute des Kindes koinzidiert nicht mit dem Guten der Mutter, die beteuert, nur das Beste für ihr Kind zu wollen. Eben diese Beteuerung verdreht ihr Gutes in etwas Schlimmes (um nicht Böses zu sagen). Es ist diese Verdrehung, die in jeder Berufung aufs Gute statthat, weshalb man dem Guten wie dem Unguten nur misstrauen kann.

MÜDE

Eine Ontologie der Müdigkeit würde das Müdewerden der Sterne wie sämtlicher Sonnen berücksichtigen müssen. Alles, was ist, unterliegt dem Gesetz der es durchwaltenden Müdigkeit. Das geht auch den Lebewesen so. Sie bewegen sich auf die totale Erschöpfung zu. Und es gilt zudem für die Liebe, die in der Ermattung endet. Wie es Materialermüdung gibt, gibt es Gefühlsermüdung. Plötzlich ist man nichts als erschöpft. Bevor die Erschöpfung von einem Besitz ergreift, schwingt man sich zu einer letzten Anstrengung auf. Sie ist der Liebeserklärung konstitutiv. Man bereitet sich auf den Tod der Liebe vor, indem man sie ein letztes Mal beschwört. Handke meint, dass die Liebeserklärung so lauten könnte: »Ich möchte mit dir müde sein.«[139]

UNVERZICHTBARE ÜBERSTÜRZUNG

Von einem seiner Texte sagt Jean-Luc Nancy, er sei »Symptom der Dringlichkeit und des Verlangens, nichts zu überstürzen«.[140] Das gilt für alle philosophischen Überlegungen, die sich politischen Fragen öffnen, um einerseits ihre eigene Politizität einzugestehen, um sie andererseits für diese Politizität = für ihre Gelenktheit durch nie ausreichend geprüfte politische Wertungen und Prämissen zu rügen. Was Nancy hier zum Ausdruck bringt, ist die Aporie politischer Philosophie, aber auch diejenige der Philosophie allgemein. Immer ist das Denken in Situationen verwickelt, die es zu überhasteten Urteilen verführen. Jedes Denken ist im Sinne dieser Überhastung engagiertes Denken. Es adaptiert die Logik der Handlung, bevor sein theoretischer Anteil zur Genüge erbracht worden ist. Kurz: Es überstürzt sich. Und mit dieser Überstürzung vergaloppiert es sich leicht und wird zu Ideologie. Dennoch ist die Überstürzung unverzichtbar. Es gibt kein Denken, das sich nicht überstürzt, das nicht bis an die Grenze zum Nichtdenken hin vereinfacht, das sich nicht in Unterkomplexität verfängt. Hier liegen seine Schwierigkeit und Bürde. Es tut, was es sich verbieten sollte. Dabei weiß es doch, dass die Überstürzung es ideologischen Reduktionismen zutreibt, die es analysieren und kritisieren müsste, was es faktisch auch tut. Man könnte seine Aporie so beschreiben: Während es weiß, dass die Analysearbeit kaum begonnen hat und folglich gänzlich unvollständig ist und mit Geduld fortgesetzt werden muss, ist es sich über seinen interventionistischen Charakter im Klaren = darüber, dass es nicht anders kann und auch nicht anders darf, als zu einem immer verfrühten Zeitpunkt Stellung zu den dringlichsten Fragen der soziopolitischen Lage, der es sich konfrontiert sieht, zu beziehen.

HORIZONT 2

Der Horizont ist löchrig. Ob man es gut findet oder nicht: Man sieht über ihn hinaus oder durch ihn hindurch – ins Nirgendwo. Obwohl das unmöglich ist. Vielleicht, *weil* es unmöglich ist. Oder, weil es kein Sehen = Denken gibt, das sich nicht dem Unsichtbaren anvertraut.

ANFANG

Wo nimmt das Denken seinen Anfang? Eben dies kann es nicht wissen. Was es ahnt: dass sein Anfang nicht zu ermitteln ist, sein Antrieb schon. Oft liegt er in einer Begegnung oder einer hinterrücks einfallenden Traurigkeit. Sie überfällt das Subjekt, um es einer Angst zu überantworten, die die vor dem Leben selbst ist: seiner verführerischen Lebendigkeit, die ins Nichts führt, seiner Endlichkeit, die es von allen Seiten bedrängt, seiner Schwere, die als Last empfunden wird. Am Anfang steht die Vergeblichkeit. Sie muss angefochten werden, obwohl sie nicht überwunden werden kann. Denken heißt, sie anzuerkennen, ohne sich ihr geschlagen zu geben.

DAS UNAUFHÖRLICHE

Ins Unendliche = Unaufhörliche gerissen zu werden oder sich vergegenwärtigen müssen, dass man ihm immer unterliegt, ist Grunderfahrung der apersonalen Personen Becketts in der Romantrilogie, die *Molloy* (1951), *Malone stirbt* (1951) und *Der/ Das Namenlose* (1953) umfasst. Es handelt sich um gespenstische Identitäten, die sich am Abgrund ihrer selbst bewegen, sodass von einem Verlust des Selbst kaum gesprochen werden kann, denn offenbar existierte es immer nur als Chimäre. Da gab es nichts zu verlieren. Wie bei den *récits* von Maurice Blanchot lässt sich kaum von Romanen sprechen. Was die Texte verbindet, ist die Vorführung eines »Wesen[s] ohne Wesen«[141], wie Blanchot sagt. Es sind leere Entitäten, deren Existenz zunächst noch durch ihre Namen und durch ein paar Gegenstände, die sie umgeben, gesichert zu sein scheint. Insgesamt aber stellt sich beim Lesen das Gefühl ein, eine Inkonsistenzzone zu betreten, die sich mit den Wörtern Diesseits und Jenseits nur unzureichend benennen lässt. Man befindet sich in einem Außerhalb des Vertrauten = im Abseits der Realität. Zugleich wird einem klar, dass dieses Abseits die Wahrheit des Realitätsuniversums darstellt. In ihm streunt das *Mensch* genannte Tier ohne Hoffnung auf Erlösung umher. Es bewegt sich oder es hält still. Stillstand und Bewegung fallen derart in eins, dass unklar bleibt, an welchem Punkt seiner Existenz oder Inexistenz man sich befindet. Alles scheint von einer Undeutlichkeit durchdrungen, deren Unerbittlichkeit auch verführerisch ist. Wir bewegen uns entweder in der Vorhölle oder im Vorhimmel, – nein, das eben kann man nicht mehr sagen. Es gibt kein vor und danach mehr. Da ist nichts als die schreckliche Gegenwart, die unaufhörlich durchlaufen werden muss. Das Subjekt verliert sich in ihr, bis es sich als ihre leere Bühne begreift. Was man das *Wirkliche* nennt, löst sich auf. Alles ist in dieser Auflösung oder in diesem unaufhörlichen Werden begriffen, als hätten Nietzsches Chaos und ewige Wiederkunft ihre alles Seiende durchwaltende Macht erwiesen. Alles Konsistente erweist sich als inkonsistent. Die Sprache taugt bestenfalls dazu, zu ihrer Aushöhlung beizutragen. Sie spricht durchs Subjekt wie ein Gespenst, das sich seiner bemächtigt hat, um es mit der Tatsache zu konfrontieren, selbst ein Gespenst zu sein. Unzweifelhaft ist, dass Beckett, wie auch Blanchot es tut, das Ich oder Selbst oder Subjekt von einer Leere durchzogen beschreibt, vom kalten Atem des akosmischen Außen = von der Gewissheit, immer schon nichts als nichts gewesen zu sein.

NEBEL

Der unnötigen Sorge derer, die den Verlust des Nichtwissens durch gesteigertes Wissen fürchten, wird von Beckett mit einem einzigen Satz widersprochen: »Räsonieren wir ohne Furcht, der Nebel wird sich schon halten.«[142]

KONVERGENZ MIT DEM NICHTS

Insistenz gibt es nur als Wiederholung. Wer insistiert, hört nicht auf, sich zu wiederholen. Es ist ein Bohren oder, wie Adorno Beckett betreffend bemerkt, der »Gestus des Auf der Stelle Tretens«[143], die diese Wiederholung zu einem Prozess der Selbstaushöhlung machen. Die Aushöhlung öffnet den Raum des Nichts oder der Leere. Beckett weiß nur zu gut, dass man sie nicht lange suchen muss. Nichts und Leere sind überall. Vor allem dort, wo sie bestritten werden. Sie melden sich inmitten des Seinsuniversums als Indikatoren dessen ontologischer Inkonsistenz. Ihnen auszuweichen ist vergeblich, weshalb Beckett der Dichter dieser Vergeblichkeit, sowie der Vergeblichkeit, sie sich positiv anzueignen, ist. Er ist Dichter des *On = Weiter*. Nur geht es nicht weiter beim Weitermachen oder Weitergehen. Deshalb bezeichnet Adorno Becketts Werk als »Extrapolation des negativen καιρός [kairós]. Die Fülle des Augenblicks verkehrt sich in endlose Wiederholung, konvergierend mit dem Nichts.« Es ist diese Konvergenz und ihre Markierung durchs Werk, die Beckett Schreiben nennt.

LARVENSUBJEKT

Das Subjekt, das sich ins Vorsubjektive zurückzieht = in den »Larvenzustand«, wie Jean Starobinski in Bezug unter anderem auf Samuel Becketts Texte sagt, ist natürlich das der Regression. Nur kann man das *Wer* der Regression weder identifizieren noch ignorieren. Was sich von sich verabschiedet, um sein Selbst aufzugeben, ist immer noch eine Art von Selbst, das den Weg »von der aufreizenden Empfindung zu der, die das Begehren in einem auf den Larvenzustand reduzierten Körper verfolgt!«[144] Bei Beckett wird diese Reduktion als Normalität präsentiert. Das Subjekt ist ein Stummel. Weit davon entfernt, Selbstbewusstseinssubjekt im Sinne des Deutschen Idealismus (zumindest in seiner optimistischen, auf Autonomie vertrauenden Variante) zu sein, erweist es sich als in seinen Vorzustand zurückgefaltetes Protosubjekt, das immer nur Larvensubjekt ist und war = Subjekt im Werden, keines irgendeiner Abgeschlossenheit. Auch nicht eines der Reife, sondern nichts als der Beginn dessen, was von Anfang an unmöglich war: sich selbst transparente Egoität zu sein.

SONNE

Die Anorexie vertraut sich dem Äußersten an. Sie wirft sich ins Nichts oder die Leere. Das aber heißt, dass das anorektische Subjekt sich in die Sonne schmeißt. Es ist ikarisches Subjekt in diesem Sinn. Simone Weil schreibt: »Wenn die Sonne nicht mehr kommt, um sich von uns essen zu lassen, verspüren wir Hunger.«[145] Denn jeder Hunger ist Hunger nach der Sonne. »Die Sonne hat auch das Monopol, reines Wasser aus dem salzigen Wasser des Meeres herzustellen.«

JETZT

Das Jetzt erfüllt sich nicht. Noch wenn man sich ganz auf es einlässt, entzieht es sich. Das Bewusstsein kann es nicht fassen. Es kann nur dieses Nichterfassen fassen, im Modus der Enttäuschung oder Melancholie. Immer versetzt es das Jetzt in Trauer, um es auf die Spur des Unmöglichen zu setzen. Im Augenblick aufzugehen, gelingt ihm nie. Es trauert ums verschwundene Jetzt wie ums antizipierte. Zuletzt trauert es um die Gegenwart, die ein Phantom ist, das nur begrüßt und verabschiedet werden kann. Ernst Bloch wusste das. Was immer man tut, es bleibt etwas Ungetanes oder Ungesagtes oder Unverstandenes zurück: »Man nimmt es [...] mit und fängt woanders damit an.«[146] Es gehört zur Traurigkeit des Anfangs, dass er Trauer um einen verlorenen Anfang impliziert.

Der Satz Nietzsches ist bekannt: »Die Wahrheit ist häßlich: wir haben die Kunst, damit wir nicht an der Wahrheit zugrunde gehen.«[147] Aber was heißt hier Wahrheit? Sicher nicht Aussagewahrheit als *adaequatio intellectus et rei*. Was Nietzsche mit seinem Satz als Wahrheit anspricht, ist nichts anderes als das, mit Lacan gesprochen, Reale der Realität = ihre Wahrheit. Die Wahrheit über die Realität ist das hässliche Reale. Ähnlich hat es Clément Rosset auf den Punkt gebracht: »Die Wirklichkeit ist grausam – und unverdaulich –, sowie man alles von ihr abstreift, was nicht zu ihr gehört, und sie nur als solche betrachtet.«[148] Als solche ist sie kaum annehmbar oder nur um den Preis völliger Selbstdestabilisierung. Nietzsche konzipiert die Kunst als Schutzschirm, der diese Destabilisierung mindert. Und dennoch fordert auch er den Mut ein, sich der Wahrheit zu stellen, dem dionysischen Abgrund = dem ewigen Werden = der ontologischen Inkonsistenz all dessen, was ist. Für Momente findet er in Richard Wagners Kompositionen Spuren der Kontaktierung dieses Abgrunds, sowie der Erlösung von ihm durch Konfrontation mit ihm. Mag die Erlösung imaginär bleiben, die Feststellung, dass das Reale = die Wahrheit grausam oder hässlich ist, ist es nicht.

WOHNEN

Wie man weiß, hat Heidegger über das Wohnen nachgedacht. Es wäre falsch, ihm anzudichten, er hätte dabei die – sagen wir, quasi ontologische oder transzendentale – Obdachlosigkeit der Menschen übersehen. Im Gegenteil. In allem, was er schreibt, hat er sie im Blick: »Denken wir das Zeitwort *wohnen* weit und wesentlich genug, dann nennt es uns die Weise, nach der die Menschen auf der Erde unter dem Himmel die Wanderung von der Geburt bis in den Tod vollbringen.«[149] Die Menschen bewegen sich auf der Erde. Sie werden fast von ihr verschluckt. Der Himmel über ihnen ist leer. Von Anfang an gehen sie auf den Tod zu, weshalb sie die Sterblichen oder Endlichen sind. Auf diesem Weg wollen sie geschützt sein, sie bedürfen einer an Glauben grenzenden Illusion. Heidegger suggeriert eine Art wohnender Wesenseinkehr. Als könnten sie zu Hause bei sich selbst sein, in ihrem Wesen. Doch dieses Wesenszuhause gibt es nicht. In seinen Texten finden sich Stellen, in denen er signalisiert, dass er es weiß. Dennoch oder deshalb fantasiert er von gelingender Wesenseinkehr.

OHNMACHT

An einer Stelle von *Die Stunde der wahren Empfindung* ist von »geborgten Lebensgefühlen«[150] die Rede. Handke weiß, wie wenig Authentizität im

Gefühlsleben möglich ist: nahezu keine! Dennoch insistiert sein Schreiben auf nichts anderem als auf ihr. Jedes seiner Bücher ist Ausdruck dieser Insistenz. Sein Erzählen kann leicht als sensibilistisch verkannt werden. Aber das ist es nicht. Es ist sensibel, nicht sensibilistisch. Seine Beobachtungen sind kompromisslos präzise. Sie filtern die Welt durch eine an Genauigkeit kaum zu übertreffende Sprache. Und diese Genauigkeit widersetzt sich den »gekünstelte[n] Gefühlen« und »bewährten Erlebnisformen«. Sie paktiert mit der Welt, wie sie ist, nicht mit den Netzen, die sich über sie werfen. Erzählen heißt bei Handke, sich von der Welt gefangen nehmen zu lassen, statt sie einzufangen. Oder: sich ihr mit den Mitteln einer Sprache geschlagen zu geben, die ihre Ohnmacht anerkennt.

VORHÖLLE

Die Welt, die die Texte Becketts skizzieren, ist unsere Welt, kein Jenseits. Es ist die Welt ohne Jenseits, weshalb sie auch als diesseitige oder vertraute Welt nicht infrage kommt. Als habe sich das schrecklich Jenseitige, um zu existieren, des Diesseits bemächtigt. Als lebten wir im Raum der Unmöglichkeit von Jenseits und Diesseits = in der ewigen Vorhölle, die sich als eigentliche Hölle erweist.

NOTIZ ZUR FREIHEIT

In einem Punkt treffen Karl Jaspers und Jean-Luc
Nancy zusammen: Beide kennen Freiheit nur als
Entzug der Freiheit, was nicht bedeutet, dass es
für sie Freiheit nicht gibt. Nur gibt es sie einzig im
Modus des Nichtobjektivierbaren. Nancy schreibt:
»Es gibt keine Erfahrung der Freiheit: die Freiheit
selbst ist die Erfahrung.« Sie ist Erfahrung und Experiment = Selbstexposition des Subjekts an etwas, das
es weder kontrolliert noch kennt. Sie ist immer *in
actu*. Lebendige Freiheit in der Wüste der Unfreiheit.
Wüstenfreiheit oder Freiheit in objektiver Unfreiheit. Sie überkommt das Subjekt als ein Ereignis, von
dem es sich mitreißen lassen kann, dass es jedoch nie
unter seine Kontrolle bringt. Eher wird es selbst von
der Freiheit kontrolliert. Es unterliegt dem Mandat
einer Freiheit, die für es selbst ebenso berauschend
wie verunsichernd ist. Es gibt Glück und Unglück
nur als Glück und Unglück einer Freiheit, die das
Selbst von sich losreißt, um es an seine Grenzen zu
führen. Wie an einen Abgrund = an den Abgrund
der Freiheit, von dem bei Kierkegaard die Rede ist.
Sich an den Rändern dieses Abgrunds aufzuhalten, ist, was wir ein freies Leben nennen können. Es
grenzt an den Krater des Unmöglichen, aber es wirft
sich nicht in ihn. Die Freiheitserfahrung exponiert
das Subjekt einer Schwindel erzeugenden Leere. Deshalb kommt Angst in ihm auf. Es kann nie sicher
sein, ob es nicht endgültig die Kontrolle über sich
verliert. Indem es sich der Freiheit aussetzt, verliert

es sich ans Unbesitzbare. Jaspers schreibt: »Freiheit kann nie Besitz werden.«[151]

INKOMPATIBEL

Sein Leben sei von keinerlei Interesse, meint Beckett, dem es kaum gelingt, andere davon abzuhalten, sich für es zu interessieren und darüber schreiben zu wollen. Zugespitzt lässt sich sagen, dass sein Werk auf den Appell hinausläuft: *Interessiert euch nicht für mich, da ich selbst es nicht tue! Meinem Desinteresse an mir entspricht mein interesseloses Schreiben = eine mit keiner Politik kompatible Literatur.*

HYSTERIE

Das Subjekt als Subjekt ist hysterisch. Es überdreht sich unentwegt. Das unterscheidet es von den nicht menschlichen Tieren, die sich bei relativer = instinktiver Autonomie nicht am Unmöglichen messen. Die Vermessenheit, eben dies zu tun, ist problematisches Privileg des *Subjekt* genannten menschlichen Tiers. Indem Elisabeth Bronfen mit Nietzsche »drei erregende Gesten der Hysterie« ausmacht, »das Brutale, das Künstliche und das Unschuldige (Idiotische)«[152], unterstreicht sie den Zerrissenheitsstatus des hysterischen Subjekts. Der Hysterismus vereint diese drei Gesten, ohne ihre Unvereinbarkeit auch nur eine Sekunde in Zweifel zu ziehen, da die Hysterie in ihrer fraglosen Kompossibilisierung besteht. Deshalb ist es richtig, von der Hysterikerin / dem Hysteriker zu sagen, dass sie mit äußerster Bestimmtheit im Unbestimmten schwimmen. Sie verschwimmen geradezu mit ihm, indem sie das Uneindeutige als ihre nicht weiter erklärbare Wahrheit proklamieren. Der Rationalismus zerschellt an ihr, er soll es auch. Dennoch gibt es die Möglichkeit (und Notwendigkeit), das Nichtrationalisierbare zu rationalisieren = es zu formalisieren, das heißt ihm eine Stelle in der komplexen Subjekt-Topologie zuzuweisen. Wie jeder ahnen kann, ist es der blinde Fleck im Selbstbewusstseinssystem, auf dem zu insistieren das hysterische Subjekt nicht aufhören kann. Indem es dies tut, ist es bereits fast Analytiker seiner eigenen Konstitution. Allerdings indem es sich weigert, sie in der Analyse transparent werden zu lassen. Hysterisch ist, wer sich gegen die Definition seiner selbst stemmt, nicht ohne auf dem Phantasma eines geheimen Selbst zu bestehen.

EWIGES OPFER

Von einer gewaltlosen Sprache zu träumen, ist nichts anderes als schlicht zu träumen, sofern noch im gewalttätigsten Traum der Traum der Gewaltlosigkeit persistiert = die Vorstellung, irgendwann ginge es paradiesisch zu. Ludwig Hohl schreibt: »Worte, die nicht Gewalt antun, sind nur in dem Fall Worte, daß du stumpfsinnig bist.«[153] Den Stumpfsinn zu vermeiden, bedeutet sensibel (für die Gewalt der Sprache) zu sein, ihn auszuleben, heißt, sich sensibilistisch aufzuplustern, um sich als ewiges Opfer zu gerieren.

ABSTRAKTES DENKEN

Was Derrida von der Entscheidung sagt, dass sie ein Wahn und eine Überstürzung sei, trifft aufs philosophische Denken zu. In seinen eigentlichen Momenten wird es von einer Art Fieberwahn getrieben. Es überstürzt sich dann, was nichts anderes heißt, als dass es seine Sicherheiten fahren lässt, um sich einer Selbstbeschleunigung hinzugeben, die es ins Ungewisse reißt. Es ist in diesem Sinne, wie Derridas Entscheidung »revolutionär«[154]. Das heißt nicht nur umwälzend, sondern auch unkontrollierbar = geradezu blind. Es ist diese Blindheit, die es vom Bestehenden, vom Ideenmarkt, von der Gesellschaft, ihren Regeln und Ritualen, von der politischen Trägheit und ökonomischen Blödheit etc. absehen lässt. Deshalb ist wahres Denken abstrakt. Es ist dies im Konkreten seiner Situation, im Verhältnis zu ihr, das nicht als Abhängigkeitsverhältnis beschrieben werden kann, da es sich nicht im Negativismus erschöpft, in der negativen Freiheit, sondern noch die Negation der Negation zugunsten einer positiven Freiheit leistet. Es ignoriert die Mahnungen und Verbote der Wohlmeinenden, so wie Antigone die Stimme ihrer Schwester Ismene überhört. Sie hört sie und überhört sie, weshalb das Subjekt des Denkens antigoneisches Subjekt genannt werden kann. Subjekt, das auf eine Wahrheit zuschnellt, die es im Moment ihrer Affirmation erst hervorbringt. Das meint Überstürzung: diesen Mut, der einen an Wahnsinn grenzenden Übermut darstellt, durch alle möglichen Wände hindurchzulaufen oder sie zu überspringen, um schließlich ein Loch in den Himmel zu bohren.

FEHL DER SPRACHE

Dass den Schreibenden die Sprache fehlt, ist das eine, das andere ist, dass sie, noch wenn sie nicht fehlt, – dennoch fehlt. Sie fehlt, wie Gott fehlt, von dem Hölderlin sagt, dass er fehlt. Genau daraus bezieht sie ihre Notwendigkeit. Ihr Gebrauch demonstriert ihre Unbrauchbarkeit. Zumindest erzeugt er nicht die Gewissheit, das Richtige oder Unfehlbare zu tun. Denn eben das wäre falsch: im Richtigen zu schwimmen, statt ihm mit einer fehlenden Sprache die Falschheit seines Triumphs vorzuführen.

HELLSICHTIGKEIT

Sich nichts vorzumachen, gelingt niemandem. Sich das vor Augen zu führen, nennt E. M. Cioran Luzidität = Hellsichtigkeit. Wenn es sie gibt, dann weil sie unmöglich zu sein scheint. Sie ist es – fast – auch. Um dieses Fast dreht sich, was er schreibt, wie in einem Karussell. Zum Beispiel steht in *Vom Nachteil, geboren zu sein* dieser Satz: »Klarsicht ist das einzige Laster, das frei macht, – frei *in einer Wüste*.«[155]

KEINE GEGENWART

Wie sich Glück anfühlt, weiß man, was es ist, kaum. Täuschung und Jenseits der Täuschung, imaginär und real. Im *Versuch über den geglückten Tag* bringt Handke es mit der Einzigartigkeit in Verbindung. Der geglückte Tag ist ein besonderer Tag. Er ist nicht Alltag und soll dennoch im »Gewährenlassen«[156] verstreichen, wie jedes Glück, das sich von der Erwartung löst, damit es sich durch sein Eintreten verflüchtigen kann. Bestimmt ist Flüchtigkeit sein Merkmal. Sie wäre Kennzeichen seiner Grazie. Das Glück ist von flatterhafter Anmut. Es kommt, um zu gehen. Deshalb sagt man, dass man es nur als Gewesenes fassen kann. Man wird glücklich gewesen sein, wenn man es nicht mehr ist. Im Glück tritt der gespenstische Zug der Zeit hervor: Es gibt keine Gegenwart.

GESPENSTISCHES SELBSTVERHÄLTNIS

Kant denkt den Menschen als »zwiefache Persönlichkeit«[157], da zu ihm gehöre, sein »innerer Richter« zu sein, kurz er verfügt über ein Gewissen. Es gibt einen Zerrissenheitsstatus des menschlichen Subjekts als »doppeltes Selbst«, da es als »Kläger« und »Angeklagter« vor den inneren Gerichtshof tritt. Täte es das nicht, wäre es gewissenlos, oder, um es in die Sprache der Psychoanalyse zu übersetzen, ohne Über-Ich. Das Über-Ich ist nicht nur die innere Stimme, die mich in mir anspricht, es ist die Stimme der anderen in mir, der Lebenden wie der Toten, da es mich ins Geisterreich der Simultanität von Toten und Lebenden führt. Ein anderer Name für dieses Geisterreich ist die Tradition oder Kultur, der mein Ich angehört, von der es durchtränkt ist und durch die es (im Guten wie im Schlechten) angeleitet wird. Die menschliche Person unterliegt Imperativen, die sie aus einer Vergangenheit erreichen, von der sie kaum etwas weiß. Natürlich kann Freiheit nichts anderes heißen, als sich dieser Imperative bewusst zu sein, die Geisterstimmen zu Wort kommen zu lassen, um sich von ihrer Autorität so gut es geht zu befreien. Sie würde die Infragestellung von Kants Pflichtbegriff einschließen, ohne ihn gänzlich zu suspendieren. Schließlich handelt es sich bei der Pflicht um ein Selbstverhältnis, das zum Selbstsein ermutigt, so leer oder formal bzw. material (im kantischen Wortgebrauch) es auch ist. Bevor Hegel in seiner *Nacht der Welt*, die die Nacht der vorsubjektiven Substanz ist, befremdliche Gestalten aufsteigen lässt, hat Kant 1766 in Auseinandersetzung mit Emmanuel Swedenborg in *Träume eines Geistersehers* die Zone entfesselter Einbildungskraft skizziert: »Das Schattenreich ist das Paradies der Phantasten. Hier finden sie ein unbegrenztes Land, wo sie sich nach Belieben anbauen können. Hypochondrische Dünste, Ammenmärchen und Klosterwunder lassen es ihnen an Bauzeug nicht ermangeln. Die Philosophen zeichnen den Grundriß und ändern ihn wiederum oder verwerfen ihn, wie ihre Gewohnheit ist.«[158] Die Vernunftkritik, die darauffolgt, erweist Kant als trotz allem weiterhin gespensteraffin. Schließlich korreliert der Evokation eines inneren Richters und eines ihm entsprechenden doppelten Selbst immer noch eine Art Phantasmen- oder Gespensterlehre, jetzt allerdings im Namen einer sich kritisch befragenden und restringierenden Vernunft, von der man nicht behaupten kann, dass sie ihren Zerrissenheitsstatus ignoriert.

BRÜCKE

Die Fetischisierung des Anderen zugunsten des Selbst hält Susan Sontag für ein wesentliches Merkmal der Moderne: »Das moderne Denken ist auf eine Art von angewandtem Hegelianismus eingeschworen: es sucht das Selbst im Andern.«[159] Seine Entfernung von sich ist bald eingestandene, bald nicht eingestandene Annäherung an sich, oder an das, was es zu sein glaubt, bis es sich nicht länger der Erfahrung des Selbstentzugs verschließen kann, einer Erfahrung, die Selbsterfahrung ist. Selbsterfahrung als Selbstentzugserfahrung. Kein Grund also, das Andere im Anderen zu suchen, um es auf welche Weise immer zu hypostasieren. Man kann auch ohne Rimbaud zu zitieren behaupten, dass die Dialektik von Selbst (bzw. Ich) und Andersheit, eben dieses Selbst ausmacht. Das Selbst erweist sich als originär entfremdet. Es kommuniziert mit sich in falscher Intimität, denn es weiß nicht, wer oder was es ist. Es hat nur eine Vorstellung davon. Und diese Vorstellung ist, mit Lacan gesprochen, von der Ordnung des Imaginären. Sein Selbstbezug ist primär jener der Täuschung. Nichts deutet darauf hin, dass es sich ihr entziehen kann. Sich allerdings aktiv, bewusst, analysierend oder schlicht denkend auf sie beziehen, das kann es. Es kann den Status der Täuschung in der Dynamik seiner Selbstreflexion reflektieren. Es reflektiert die Reflexion, das heißt, es spiegelt die Spiegelung, um sie als mehrfach gebrochene zu erfahren. Der Spiegel des Selbst ist nicht intakt. Er war es nie und wird es nie sein. Dies ist die Grunderfahrung der Moderne, insofern sie sich als Erfahrung des eigenen Abgrunds erweist. Das moderne Subjekt überbrückt diesen Abgrund, wie Franz Kafkas Protagonist in seinem 1916/17 verfassten Prosastück *Die Brücke*. Solange es Vertrauen in sein Selbst setzt, ist es sicher, verliert es sein Selbstvertrauen, um sich nach dem anderen (in ihm) umzuwenden, stürzt es ein:

»*Ich war steif und kalt, ich war eine Brücke, über einem Abgrund lag ich. Diesseits waren die Fußspitzen, jenseits die Hände eingebohrt, in bröckelndem Lehm habe ich mich festgebissen. Die Schöße meines Rockes wehten zu meinen Seiten. In der*

Tiefe lärmte der eisige Forellenbach. Kein Tourist verirrte sich zu dieser unwegsamen Höhe, die Brücke war in den Karten noch nicht eingezeichnet. – So lag ich und wartete; ich mußte warten. Ohne einzustürzen kann keine einmal errichtete Brücke aufhören, Brücke zu sein.

Einmal gegen Abend war es – war es der erste, war es der tausendste, ich weiß nicht, – meine Gedanken gingen immer in einem Wirrwarr und immer in der Runde. Gegen Abend im Sommer, dunkler rauschte der Bach, da hörte ich einen Mannesschritt! Zu mir, zu mir. – Strecke dich, Brücke, setze dich in Stand, geländerloser Balken, halte den dir Anvertrauten. Die Unsicherheit seines Schrittes gleiche unmerklich aus, schwankt er aber, dann gib dich zu erkennen und wie ein Berggott schleudere ihn ins Land.

Er kam, mit der Eisenspitze seines Stockes beklopfte er mich, dann hob er mit ihr meine Rockschöße und ordnete sie auf mir. In mein buschiges Haar fuhr er mit der Spitze und ließ sie, wahrscheinlich wild umherblickend, lange drin liegen. Dann aber – gerade träumte ich ihm nach über Berg und Tal – sprang er mit beiden Füßen mir mitten auf den Leib. Ich erschauerte in wildem Schmerz, gänzlich unwissend. Wer war es? Ein Kind? Ein Traum? Ein Wegelagerer? Ein Selbstmörder? Ein Versucher? Ein Vernichter? Und ich drehte mich um, ihn zu sehen. – Brücke dreht sich um! Ich war noch nicht

umgedreht, da stürzte ich schon, ich stürzte, und
schon war ich zerrissen und aufgespießt von den
zugespitzten Kieseln, die mich immer so friedlich
aus dem rasenden Wasser angestarrt hatten.«[160]

NOTIZ ZU KARL KRAUS

Es gibt Schriftsteller, die auf Feindschaften aus sind. Ihr Schreiben nährt sich von ihnen. Sie sind parasitär in diesem Sinn. Vielleicht gilt für jeden Satiriker, dass er sich Feinde sucht, ohne die er nicht existieren kann. Von Nietzsche, den er kaum gelesen hat, unterscheidet Karl Kraus, die Unfähigkeit zur Bejahung. Sein Talent geht nur im Negativen auf. Er ist ein Genie polemischer Verwerfung = ein Genie der Abhängigkeit.

KOSTÜMLIEBE

Gegen die romantische Liebe ist alles gesagt. Sie ist vor allem illusorisch und narzisstisch. Indem ich liebe, liebe ich mich als Liebenden. Nur ist der Einwand gegenüber solcher Illusion und diesem Narzissmus Ausdruck einer gewissen Selbsttäuschung. Der Wunsch, sich von ihnen zu befreien, fällt ins System des illusorischen Narzissmus zurück. Warum sonst wird er so aufdringlich proklamiert, um sich in autoprotektiver Indifferenzinszenierung zu ergehen, die immer melodramatisch = romantisch ausfällt? Klar ist: Es wird auf beiden Seiten nicht viel gedacht. Wer sich der Schablonenhaftigkeit romantischer Gefühle nicht widersetzt, kann kaum ernst genommen werden = regrediert zum weinerlichen Seelentierchen, dessen Narzissmus des Geliebtwerdenwollens ihm verschlossen bleibt, während es ihn rücksichtslos = manipulatorisch praktiziert. Wer dagegen alles dafür tut, sich der kritischen Kompetenz der Gefühle zu entziehen, um seine Unerreichbarkeit für sie zu manifestieren, fällt auf seine Pseudocoolness rein. Fernando Pessoa nennt die romantische Liebe einen »Weg zur Enttäuschung«. Die Kostüme, die wir dem geliebten Anderen anziehen, halten nicht ewig: »binnen kurzem taucht dann unter dem Kleid des Ideals, das wir uns eingebildet haben und das in Fetzen geht, der wirkliche Körper der menschlichen Person auf, dem wir es angezogen haben.« Deshalb sei die Liebe nur dann keine Enttäuschung, »wenn man die Enttäuschung von Anfang an einkalkuliert und beschließt, das Ideal ständig auszuwechseln und ständig in den Werkstätten der Seele neue Kleider zu weben, mittels derer der Anblick des Wesens, das man mit ihnen bekleidet, ständig erneuert wird.«[161] Es ist klar, dass dieses Umkleideszenario wenige Monate oder ein langes Leben währen kann. Klar ist auch, dass es punktuelle Intensitäten der Liebe gibt, die ihre temporale Extension in den Hintergrund treten lassen. Dass Liebe Narzissmus impliziert, weiß mittlerweile jedes Kind. Dass sie ihm zugleich resistiert, indem sie eine Öffnung auf das Reale des Anderen darstellt, um den Liebenden durch diese

Öffnung zu redefinieren, ist gleichermaßen Faktum. Pessoa schreibt: »Wir lieben ganz allein die Vorstellung, die wir uns von jemandem machen. Unsere eigene Meinung – letztlich also uns selbst – lieben wir.« Natürlich hat er recht. Allerdings versäumt er hinzuzufügen, dass wir nicht jeden, sondern nur bestimmte Menschen wählen, um sie mit unseren Vorstellungen von ihnen zu bedrängen.

EWIGER WINTER

Dass die Utopie im Ästhetischen überwintert, um eine Formel Karl Heinz Bohrers aufzunehmen, animiert zur Behauptung, dass die Liebe es im Denken tue.[162] Schließlich lässt sich Philosophie als eine Form der Liebe sowie des Begehrens auffassen. Die σοφία (Weisheit, Klugheit), der die φιλία (Freundschaft, Liebe) zustrebt, kann man als Hellsichtigkeit im Verhältnis zu allem übersetzen, was einem den Verstand zu nehmen droht. Das Ziel des Denkens ist Clairvoyance = Luzidität. Das wusste Montaigne nicht weniger als Nietzsche, Valéry und Simone Weil. Man muss, was zählt, durch den ewigen Winter der Ignoranz und pseudoaufklärerischen Abgebrühtheit bringen, ohne in Idealismus = Verklärung zu regredieren. Im Ästhetischen wie im Denken überlebt nicht das Überkommene. Was in ihm auflebt, ist, was noch nicht existiert. So komplex ist die Zeitstruktur utopischen Denkens. Es springt dem Inexistenten zur Seite, damit es nicht aufhört zu sein, bevor es existiert.

Foucault sei ein »großer Stilist« gewesen, wie alle
bedeutenden Philosophen, bemerkt Deleuze. Ihm
sei es gelungen, die Begriffe zu rhythmisieren: »Der
Begriff nimmt bei ihm rhythmischen Wert an, oder
wird zu einem Kontrapunkt, wie in den merkwür-
digen Selbstgesprächen, mit denen er manche seiner
Bücher abschließt. Seine Syntax fängt die Spiegelun-
gen, das Funkeln des Sichtbaren ein, aber krümmt
sich auch wie ein Gürtel, faltet und entfaltet sich,
oder knallt im Takt der Aussagen. Und dann wird
dieser Stil in den letzten Büchern zu einer Art Be-
sänftigung tendieren, wird eine Linie suchen, die
immer nüchterner, immer reiner wird …«.[163] Ähnlich hat es Blanchot gesehen: Der späte Foucault findet zu einer Sprache der Neutralität. Auch sie hört
nicht auf zu funkeln, nur funkelt sie nun diskreter,
fast unmerklich, als sei ihr Wellengang nun ruhiger,
als stürme in ihr nichts mehr. Die frühen Bücher
Foucaults legen dessen unbändige Kraft in die Sprache, in der sie geschrieben sind. Analog zu einer weiteren Aussage von Deleuze über seinen Freund («Er
bebte vor Gewalt«[164]), könnte man sagen, dass sie
von einem Beben erschüttert werden, das kein Ende
nimmt. Die Sprache bebt in ihnen in unruhigen
Wellen. Ihre Syntax erzittert. Krater des Außen tun
sich in ihr auf. Natürlich ist die Sprache zunächst
ein Mittel des Ausdrucks, doch was in ihr zur Wir-
kung kommt, erschöpft sich nicht im Transport von
Information. Im Gespräch mit Foucault hat auch

Claude Bonnefoy vom »sanften Beben« von Foucaults Texten gesprochen, das sie »auf ein Gebiet hin öffnet, das nicht nur das des diskursiven Schreibens, sondern das des literarischen Schreibens« sei. Foucault reagiert auf diese Feststellung mit dem Verweis, dass ihn die »sakrale Seite des Schreibens« wenig interessiere. Dennoch macht er keinen Hehl daraus, dass sein Schreiben eine ontologische Dimension habe. Ohne Heideggers Wendung von der Sprache als dem »Haus des Seins« zu zitieren, konstatiert er: »Letztlich ist die einzige wirkliche Heimat, der einzige Boden, auf dem man gehen kann, das einzige Haus, in dem man Rast machen kann, die Sprache, diejenige, die man seit seiner Kindheit gelernt hat.«[165] Es kommt also zur Evokation jenes Bezugsystems, das die natürlich-angelernte Sprache ist. In ihr bewegt man sich wie in einem Vertrautheitsraum, der, wenn auch trügerisch, als Schutzraum fungiert. Es gilt, die Konsistenz oder Dichte dieses Schutzraums zu hinterfragen. Schließlich sind die Sprache und der Diskurs auch ein Bunker, in dem man sich wie in einem Gefängnis bewegt. Vielleicht kann jedes philosophische Schreiben als Bunkererfahrung beschrieben werden. Die Sprache gehört dem Schreibenden nicht. Sie übersteigt ihn, sodass er ihr Gefangener bleibt. Zugleich bietet sie zumindest die Illusion eines gewissen Bodens und Zuhauses. Schreiben heißt, sich von dieser Illusion emanzipieren lernen, mit den Mitteln einer Sprache, der man sein Vertrauen entzieht.

IM DUNKELN

Man weiß, dass Kafka und Proust vor allem nachts geschrieben haben. Roland Barthes erinnert daran, dass sie gegen den drohenden Morgen anschrieben. Der Sonnenaufgang bringt die Schreibbewegung leicht ins Stocken. Er unterbricht, was nur in der Nacht geschehen kann, im Dunkel der Einsamkeit oder zumindest Stille, die der Tag nicht gewährt. Natürlich ist neben den »praktische[n] Gründe[n] (Stille, Ruhe, keine Störung)« etwas anderes im Spiel: »der ganze mythische Raum des SCHREIBENWOLLENS«.[166] Die Nacht ist auch die Sphäre imaginärer Verbote. Das Schreiben nähert sich der Kriminalität. Es tappt im Dunkeln und huscht von hier nach da. Als habe es etwas zu verbergen, als sei es nicht legitim. Die Illegitimität des Schreibens hat auch Marguerite Duras mit der Nacht konnotiert. Man kann das künstlerische Einbildung nennen, die den Kitsch nicht scheut. Oder man begreift, dass noch wer am Tag schreibt, sich in einer Art von Nacht bewegt. Nennen wir sie die Nacht zerfallender Evidenzen. Nacht, in der die Selbstverständlichkeiten ihre Verständlichkeit einbüßen, um die Schreibenden einer Ungewissheit zu exponieren, von der sie kein Tageslicht kuriert.

JETZT ODER NIE

Zur Frage des schöpferischen Moments meint Handke, es handele sich um ein »jetzt oder nie«.[167] Es ist diese Dringlichkeit, die zum Schreiben gehört. Zum Schreiben wie zum Denken, sofern sie nicht dasselbe sind. Hier wird nichts ergrübelt oder ausgedacht. Und es flüstert einem kein Engel ins Ohr. Es ist nichts als ein Aufmerken im Hier-und-Jetzt. Es handelt sich um den Versuch, das Wahrgenommene = fast Begriffene nicht ins Nichts gleiten zu lassen, woher es kommt, um es einen Augenblick im Gegenwärtigen zu halten, wo es sich meldet, indem es ihm entkommt.

INSTABILE GEGENWART

Indem Hans-Georg Gadamer vom »Walten der Tradition«[168] spricht, monumentalisiert er sie nicht. Er verflüssigt oder vaporisiert sie. Sie verschwindet nicht, aber sie richtet sich auch nicht als Monument vor der Gegenwart auf. Eher durchfließt oder durchströmt sie sie. Sie konstituiert sie mit, ohne sie zu begrenzen. Im Gegenteil: Sie kann entgrenzend wirken, um die Gegenwart an ihrer Selbsteinschließung zu hindern. In diesem Sinn opponiert sie dem Phantasma des geschlossenen und reinen Jetzt. Sie bricht mit der Illusion voller Präsenz, indem sie das Heute als vom Gestern und Vorgestern durchschossen erweist. Es wäre falsch, Gadamer einen Konservativen zu nennen. Sein Denken erinnert das Denken daran, nicht aus dem Nichts zu kommen. Es schließt es mit der Gegenwart der Überlieferung kurz. Und diese Gegenwart bezieht das Vergangene und Künftige ein, weshalb sie instabil erscheint. Als solche ist sie das Einzige, was das denkende Subjekt als Gegenstand seines Denkens, seiner Erinnerungen und Erwartungen hat.

METAPHYSIK DER JUGEND

Nie partizipiert die nihilistische Thanatophilie, welcher Ideologie auch immer (oft tritt sie als religiöser Fanatismus und Pseudotheologie auf), an der Anmut und Präzision, wie sie das Denken Simone Weils ausmachen. Der Tod ist das Einfache, ließe sich mit Heiner Müller sagen. Es gibt keinen Grund, ihn zu hypostasieren. Schließlich nistet er in jeder Falte menschlicher Regungen, wie Georges Didi-Hubermann mit Charles Baudelaire und Walter Benjamin feststellt.[169] Der Mensch selbst ist eine Falte des Todes. Seine Geburt nichts als die Ausstülpung aus dem Mutterkörper in eine unwirtliche Welt. Dasselbe gilt für die nicht menschlichen Tiere. Oft überleben sie ihre Ankunft im Leben kaum. Weshalb angesichts des von allen Seiten andrängenden Todes zu leben und zu überleben, den Glanz einer Anmut freisetzt, den Jacques Lacan mit der Antigone des Sophokles assoziiert. So todesgewiss Antigone auftritt, so entschieden spricht sie sich für eine Autonomie und Eigensinnigkeit aus, die das moderne Denken mit der Freiheit, statt mit der Unterwerfung, konnotiert. Es ist kein Zufall, dass sie ein Kind ist, eine junge Frau. Im Bild des revoltierenden Mädchens drückt sich eine Metaphysik der Jugend aus. Sie opponiert dem thanatophilen Maskulinismus, der in Wahrheit nichts als das Greifen nach einer Macht darstellt, die längst verloren ist. Die junge Frau ist metaphysisch, insofern sie die Diktate jeglicher Biopolitik überfliegt. Sie tut dies ohne Rücksicht auf Verluste, doch nie koaliert sie mit der Thanatophilie. Eher exemplifiziert sie die Affirmation des Lebens, ihre Lebendigkeit. Derart widerspricht sie dem nihilistischen Pathos der Selbstverneinung, dem ein Mangel an Denken korreliert. Mit Simone Weil geht das Denken an seine Grenzen und über sie hinaus. Doch es verfällt nicht der Todesanbetung. Indem es sich der Leere anvertraut, bejaht es das Leben in seiner von falschen Bedeutungen befreiten Form. Es ist diese Befreiung, die wir Denken nennen.

MATERIALISMUS DER FREIHEIT

Die Materie sei die »Substanz der Affirmation menschlicher Freiheit«[170], meint Toni Negri, dessen Denken ein politisches sowie ontologisches ist. Immer richtet es sich gegen die Teleologie und die politische Autorität, im Vertrauen auf die Möglichkeit und die Notwendigkeit des *Dagegen-Seins*. Nur

erschöpft sich dieses Dagegen-Sein nicht im Negativismus, es überwindet ihn. Beflügelt von einer
beatitudo, die die Fröhlichkeit der Resistenz ist, des
gemeinschaftlichen Nichtmitmachens und zuletzt
oder zuerst des Denkens selbst. Denken als Affirmation zu konzipieren und zu praktizieren, die, statt
die Absegnung des soziopolitischen und ökonomischen Status quo zu sein, die Bejahung der Potenz
des Subjekts zum Widerstand = zur Metamorphose
= zum Werden darstellt. Mit Spinoza und Deleuze
& Guattari entwickelt sich Negris Denken zu einem
»Materialismus der Freiheit«[171], der das Aktive dem
Passiven, die Bejahung der Verneinung, die Fröhlichkeit der Resignation vorzieht. Ein ansteckendes
Denken, das Manche als politisch verträumt ver-
kannten, während es analytische Tiefenschärfe mit
sprühender Energie verband, im Vertrauen darauf,
dass eine gerechtere Welt nicht nur denkbar, sondern
konstruierbar ist.

HIEROGLYPHEN

Man darf von der Dichtung nicht weniger Genauigkeit erwarten als von den »Hieroglyphen des Tanzes«,
meint Ossip Mandelstam. Der Lesende schreibt mit
am gelesenen Gedicht, das mehr als das Ensemble
der es konstituierenden Buchstaben ist. Im Gedicht
persistiert etwas Unlesbares, dem man sich wie einer
Wüste nähert. Lesen heißt, diese Wüste zu durch-
queren, um sich der Verwüstung seines Wissens aus-

zusetzen. Als ziehe ein Sandsturm durch die eigenen Wissensbestände, um sie zu zerreiben, bis sie anders aussehen. »Das Schreiben von Dichtung« sei »in hohem Maße eine weiße Stelle, ein Mangel an vielen Zeichen und Hinweisen, die hinzuzudenken sind und allein den Text verständlich und gesetzmäßig machen.«[172] Es sind die fehlenden Hinweise und Zeichen, die der Dichtung ihren Wüstencharakter verleihen. Die Desorientierung, mit der sie den Lesenden beschenken, aktiviert sein Denkvermögen. Plötzlich erweist sich Dichten als Denken = als Suche dessen, was, wo immer man sich gerade aufhält, fehlt. Die Hieroglyphen der Dichtung sind genau wie das Leben, indem sie dessen Uneindeutigkeit demonstrieren.

NACHTWÄCHTER

Schon früh plagt Kafka, was er in einer Ansichtskarte vom 9. September 1913 an Max Brod seine »erbarmungslose Schlaflosigkeit« nennt. Sie versetzt ihn in eine durch nichts zu behebende Unruhe = in die Art von Gereiztheit, die ihn wegen nichts aufschrecken lässt. Kafkas Schlafmangel ist der einer Nervenexistenz, er nimmt Anstoß an der Ungereimtheit des Lebens, weil er um sie weiß. Man kann sich auf das Leben keinen anderen Reim machen als den seiner Ungereimtheit. Die Figur des Nachtwächters, die durch seine Aufzeichnungen geistert, stellt ihn selbst dar, bald mit aufgerissenen

Augen angesichts des leisesten Schreckens, bald mit
von dunklen Augenhöhlen geschluckten Lidern.
Erbarmungslos ist die Schlaflosigkeit, weil sie nicht
auszuhalten und doch alternativlos ist.

NOCH EINMAL ZU SUSAN SONTAG

Susan Sontag kennt den Wert der Langeweile. Einmal schreibt sie in einem Tagebucheintrag von
1965: »Vielleicht muss Kunst heutzutage langweilig
sein.«[173] Schließlich widersteht die Langeweile der
Zerstreuung durch gedankenlosen Konsum. Im
Buch *On Photography* (1977) behauptet sie, die Langeweile sei »die andere Seite der Faszination: Beide setzen voraus, daß man eine Situation von außerhalb
sieht, statt an ihr teilzuhaben, und die eine führt
zur anderen.«[174] Sowohl die Faszination als auch
die Langeweile implizieren eine Art widerständiger
Indifferenz. Entscheidend ist das Gefühl der Un-
beteiligtheit. Natürlich hat auch dieses eine problematische Rückseite: die der Empfindungslosigkeit
und Gleichgültigkeit. Aber zunächst verschafft es
dem Subjekt die Möglichkeit hysteriefreier Registratur der Situation. Es ermöglicht ihm das Minimum
an Realismus, das die Bedingung der Möglichkeit
genauer Einschätzung der Lage ist. Man kann auch
sagen: kein politisches Engagement oder kein Akti-
vismus, ohne die Bereitschaft, von sich, seinem Narzissmus und seinen Interessen zugunsten möglichst
objektiver Analyse abzusehen. Dass diese Analyse

nicht nur wissenschaftlich und journalistisch, sondern auch künstlerisch (in welchem Medium auch immer; es muss nicht die Fotografie sein!) ausfallen kann, ist klar. Kunst allerdings, die nichts als Politik oder politisch sein will, verfällt unmittelbar der Ideologie.

MONSTRÖSE NORMALITÄT

Auf der eigenen Monstrosität zu beharren, ist Ausdruck eines an Verzweiflung grenzenden Narzissmus. Wer auf sich wie auf ein Monster zeigt, pointiert seine Leere und Wesenlosigkeit. Man kann sich ablehnend zu ihnen verhalten, indem man sie überaffirmiert, statt den Mut aufzubringen, sie im Sinne des aktiven statt passiven Nihilismus' Nietzsches als Ausgangspunkt möglicher Autonomie zu bejahen. Mit Lacan denkt Slavoj Žižek an die sophokleische *Antigone* als eine eigensinnige Figur der Selbstaufrichtung in faktischer Heteronomie. Genau genommen handelt es sich um eine radikale Selbsterfindung im Horizont substanzieller Selbstlosigkeit. Das Selbst erfindet sich, weil es als solches nicht existiert. Es existiert nur als Träger der identitären Attribute, die es von sich selbst abziehen. Von sich selbst, da es doch kein Selbst gibt? Es gibt ein Selbst, doch liegt es weder in der Vergangenheit noch in der Gegenwart. Es fungiert als regulative Idee, die das Subjekt mit seiner Nichtsubjektivität kurzschließt = mit seiner Leere und Wesenlosigkeit. Die einzige Möglichkeit, die es hat, sich diesem weder imaginären noch symbolischen Selbst zu nähern, besteht in der Anerkennung, nicht mit ihm übereinzustimmen. Es macht die Nichtübereinstimmung mit sich zu seinem Selbst. Allerdings findet diese Nichtübereinstimmung nicht auf der Ebene des sozioästhetischen Identitätstheaters und seiner Masken und Requisiten statt. Ihr Status ist ontologisch im Sinne einer Metaphysik der Leere, deren abgründiges Axiom die Anerkennung des primordialen Status des Nichts in jeder Ontologie darstellt. Žižek konstatiert zu Recht, dass es die Transpersonalität des Subjekts ist, die Letzteres von der Person (als identitärem Wesen = als »substanzielle Person«) unterscheidet. Es ist, einer berühmten Wendung Heideggers zufolge, *Platzhalter des Nichts*. Derart fungiert es als dessen Stellvertreter auf der Bühne der etablierten Valenzen. Indem es dies tut, mag es monströs erscheinen, doch genau genommen büßt es seinen Monstrositätsstatus ein, da mit seinem Erscheinen die Normalität = die symbolische Ordnung ihre Konsistenz verliert, sodass das Kriterium seiner Selbstabhebung von ihr verloren geht. Was übrig bleibt, ist der Verlust möglicher Monstrosität, sowie die Einsicht, dass der Versuch, sich zur Ausnahme zu erklären, zum Scheitern verurteilt ist, weil es keine Normalität mehr gibt und es sie streng genommen auch nie gab.

BERSTENDE KRAFT

Dass die Philosophie nur als Anmaßung existiert, weiß jeder, der sie praktiziert. Es gibt sie nur als Übertreibung. Noch wenn sie mit äußerster Akribie vorgeht, steigert sie diese zur Unverantwortlichkeit. Der eigentliche Moment des Denkens fällt präzise und trunken aus. Das Denken ist ein kontrollierter Rausch, der ängstlich und mutig ausfallen kann. Es ist, was sich zwischen Angst und Mut zu wählen weigert. Denn es erkennt ihren Widerspruch nicht an. Dennoch wird es von einem Pol zum anderen hin- und hergerissen. Zugleich weigert es sich, um Hegels Wendung aufzunehmen, *unglückliches Bewusstsein* zu sein. Eher ist es Ausdruck dieser Weigerung. Es erschöpft sich nicht in seiner Zerrissenheit, was nicht heißt, dass es je zur Ruhe kommt. Seine Ruhe stimmt mit der Unruhe überein, die es antreibt und am Leben hält. Es ist lebendig, indem es, seiner Endlichkeit bewusst, dem Unendlichen zustrebt. Nur so entkommt es der Versuchung der Selbstromantisierung: indem es das Unendliche ins Endliche einholt, ohne seine berstende Kraft zu neutralisieren und ohne vor ihr in die Knie zu gehen.

SEXUALITÄT

Die Sexualität lebt vom Imaginären, weshalb Lacan behauptet, dass sie ein Loch in die Wahrheit bohrt. Sie sei »genau das Terrain, [...] bei dem man nicht weiß, auf welchem Fuß man mit Bezug auf das, was wahr ist, tanzen kann.«[175] Zweifellos ist sie selbst ein Tanz, dessen Geschicktheit sich seiner Ungeschicktheit verdankt, eben weil sie im Verhältnis zur Wahrheit steht, das heißt auch zu ihrer Rückseite, der sie zum Verwechseln ähnlich sieht: zum Schein. Die Wahrheit selbst ist Schein, sagt Nietzsche und da sie es ist, erweist sich der Schein als die Art von Wahrheit, der man sich nur tänzerisch nähern kann, um die Erfahrung ihrer Ungreifbarkeit zu machen, weshalb man sie, wie Lacan sagt, nur halb sagen kann. Man weiß nie, in welchem Verhältnis man zu ihr steht, außer, dass es eines der Distanz ist. Der Tanz lebt von dieser Distanz, er feiert sie geradezu. Zudem ist er Ausdruck einer gewissen Trauer oder erotischen Vergeblichkeit. Denn was indiziert er anderes als die Unmöglichkeit eines sexuellen Verhältnisses, das tatsächlich aufgeht; oder dass es nur im Nichtaufgehen aufgeht, was die gute Nachricht impliziert, dass es kein Ende nimmt. Das ist seine spezifische Infinität: die Gewissheit, dass Tanzen Weitertanzen heißt, so wie es kein Denken gibt, dass nicht Weiterdenken wäre = Fortgerissensein ins Indefinite, dass das Immanenzuniversum = unsere Welt ist. Die menschlichen Tiere bevölkern sie in den Modi des Begehrens, der Liebe, der Indifferenz und Gehässigkeit. Jedenfalls ist ihr Sein, noch wenn sie ihr gegenüber gleichgültig auftreten, von der Sexualität skandiert. Bei Kafka und Beckett stößt man aufs Drama des unerfüllten Begehrens. Schließlich erhält es sich durch seine Unerfülltheit, es dramatisiert sich durch sie bis an die Grenze zur Kinderei. Wie will man ernsthaft von Sexualität sprechen, ohne ihren Mangel an Ernsthaftigkeit in Erwägung zu ziehen? Aber auch ihre Bereitschaft, sich der Selbstzerstörung zu widmen. Jean-Luc Nancy schreibt: »Das Begehren begehrt sich und begehrt sich selbst zu verzehren.«[176] Es ist kannibalisch und autokannibalisch. Oft ist es dermaßen verfressen, dass ihm kaum auffällt, dass es sich an sich selbst vergeht. Deshalb wird es nie gelingen, die Sexualität erfolgreich zu maßregeln, da sie der Name dessen am Menschen ist, was der Maßregelung widersteht. Was nicht heißt, dass sie sich nicht dennoch in kaum reflektierten Stereotypen ergeht.

NOTIZ ZU HEIDEGGER

Die Lektüre eines Aufsatzes von Heinrich Rickert, bei dem er sich 1915 mit einer Abhandlung über Johannes Duns Scotus habilitierte, veranlasst Martin Heidegger zur Versicherung, »wie tief und richtunggebend die Philosophie ins Leben hereinragt.«[177] Er tut dies in einem Brief an Rickert vom 31. Dezember 1913. Was man leicht als Heideggers Eigentlichkeitspathos abtut (es gibt gute Gründe – mit oder ohne Adorno – ihm gegenüber kritisch zu sein), artikuliert sich schon hier als Insistenz auf der existenziellen Relevanz philosophischen Denkens. Das Denken schlägt ins Leben des Denkenden zurück. Ob als Fundamentalontologie oder Ereignisdenken erschlägt es den Denkenden geradezu. Wenn man als zwei weitere Beispiele Kierkegaard und Nietzsche, von denen Heidegger maßgebliche Impulse empfing, hinzunimmt, wird einem klar, dass dies keine Übertreibung ist. Beide operieren an der Grenzscheide zum Wahnsinn. Kierkegaard zumindest an derjenigen zur äußersten Irritabilität. Selbst Heideggers Gelassenheitsdenken, das der *Besinnung* zentralen Wert beimisst, bleibt von einer nervösen Spannung oder einer Art Fieber heimgesucht, das das Fieber des Denkens als solchem ist, die Unruhe, die vom Denkenden verlangt, an die Grenzen seiner Möglichkeiten zu rühren. Sobald man sich auf die Philosophie einlässt, riskiert man, von diesem Fieber ergriffen zu werden. Man riskiert, die Welt, wie man sie kannte oder zu kennen glaubte, nicht mehr zu verstehen. Man versteht also, dass Verstehen Nichtverstehen einschließt. Man rennt gegen eine Wand. Und man hört nicht auf, gegen sie zu rennen, bis sie zu bröckeln beginnt. So sehr Heidegger den *Angriffscharakter* des neuzeitlichen Subjektivismus angriff, so entschieden war er sich über seine Unhintergehbarkeit im Klaren. Sein dichtendes Denken fällt nicht durchgängig zart aus. Es impliziert eine Gewaltbereitschaft oder destruktive Kraft, die noch Walter Benjamin beschwört (von Heideggers Arbeit zu Duns Scotus hielt er allerdings nichts). In den 1920er-Jahren richtet sich diese Kraft gegen den Neukantianismus und seine existenziell irrelevante Begriffsmechanik. Für wenige Jahre sind Heidegger und Karl Jaspers sich einig, dass Philosophie gegen diese Reduktion des Denkens auf universitäre Harmlosigkeit aufzustehen habe. Dass Heidegger im Unterschied zu Jaspers sich in den Nationalsozialismus verrannte, hat auch damit zu tun. An dieser Verrennung ist nichts schönzureden. Auch an dem sie flankierenden Antisemitismus nicht. Folgt man Heideggers Denkweg, wird einem klar, wie sehr sein Denken auf ihn selbst zurückstrahlte. Nicht nur im Schlechten. Mit dem Gedanken an ein mögliches schonendes Wohnen im *Geviert* = schlussendlich in der Welt liefert sein Denken ökologisch sinnvolle Hinweise auf einen weniger aggressiven Weltaufenthalt der Menschen. Den Zuspruch, den er von Seiten der japanischen Denktradition empfing, deutet darauf hin. Man kann diesen Zuspruch als Affirmation einer weniger gewaltvollen Zukunft verstehen. Er impliziert die Tendenz zur Entsubjektivierung oder Entsubstanzialisierung des Menschen, den Heidegger als Dasein anspricht = als einen Ort nahezu passiven Empfangs, statt aktiver Destruktion.

SCHLAMASSEL

Die Ressentimentgetriebenheit fast aller Gefühle hat Max Scheler analysiert. Selbst die Liebe entkommt dem Ressentiment nicht, denn sie kommt aus ihm.[178] Die Vorstellung, das Liebesgefühl opponiere ihm, stimmt nur, insoweit man sich klarmacht, dass es dessen Derivat bleibt. Daher der Schlamassel romantischer Gefühle. Sie bestätigen das Ressentiment, vor dem sie fliehen.

WAS AGNES MARTIN WEISS

Dass der Blick ins Selbst nichts zu sehen bekommt als die Leere. Dass es gut ist mittels dieses Blicks von sich abzusehen. Denn der Blick ist gegenstandslos. Oder: Er sieht nur das Gegenstandslose. Solange er sich an Gegenständen aufhängt, sieht er nichts. Es gilt, alles aufzugeben, sich von jeder Erwartung freizumachen. Nichts mehr zu wollen. In die Einsamkeit einzutreten, die mit der Freiheit koinzidiert: »Wie der Fluß ins Meer fließt / und die Pflanze auf die Sonne zuwächst / so fließen und wachsen und existieren wir.« Sorglos, ziellos, ohne Absicht, ohne Grund: »Eine mystische und eine einsame Person sind dasselbe.«[179]

FRÖSTELNDER NARZISSMUS

Noch die geringste Liebe ist Schrei nach Liebe. Und dennoch gibt es sie nur, wenn sie den Schrei verstummen lässt. Zumindest muss ihr der Wille eingeschrieben sein, dies zu tun. Was Kindern unmöglich ist, gelingt auch Erwachsenen kaum: den eigenen Narzissmus dämpfen, sich ins Abseits der Aufmerksamkeit begeben, in der Unsichtbarkeit existieren, ohne dass die Forderung aufkeimt, man wolle dort gesucht und gefunden = bemitleidet oder übertrieben wahrgenommen werden. Weder das imperativische Mitleid noch das heute beliebte Insistieren auf Empathie sind unschuldig. Sie haben immer eine egozentrische Funktion. Wer Empathie einklagt, tut es im Wesentlichen für sich. Meist sind es in ihrem Narzissmus eingemauerte Subjekte, in die sich einzufühlen man aufgefordert wird. Sie machen es einem nicht leicht, die Mauer zu ihrem imaginären Innen zu durchbrechen, während sie den Versuch, eben dies zu tun, mit dem Vorwurf seiner Unzulänglichkeit oder gar Gewaltsamkeit quittieren. Wer von Empathie faselt, will vor allem eines nicht: dass man die Leere seines Innen erschließt, den fröstelnden Narzissmus eines Subjekts, das sich weigert, Subjekt zu sein. Oder, wie Roland Barthes so treffend schreibt, »das Frösteln des kleinen (Menschen-, Tier-)Wesens, das der mütterlichen Wärme bedarf.«[180]

NOTIZ ZU ADNAN

Etel Adnan ist sich darüber im Klaren, dass Schreiben und Malen Existenzformen sind. Es sind Weisen zu *sein*. Im Kontakt mit der Welt, nicht als Ausstieg aus ihr. Aber als Resistenz all dem gegenüber, was zum Sensibilitäts- und Denkverzicht = zur Dummheit und Brutalität aufruft. Es geht darum, im Hier-und-Jetzt zu verharren, nicht ohne zugleich eine andere Welt zu imaginieren (ob sie besser ist, kann niemand wissen). Die Imagination ist nicht imaginär im Sinne eines Trugbilds. Sie befreit vom Trugbild, das *Wirklichkeit* heißt. »Künstlerisch tätig sein, ist eine Form des Denkens«[181], sagt sie. Und hat, wie immer, recht.

Das Denken weist hyperbolische Züge auf, weil das Subjekt qua Subjekt ein Hyperbolismus ist. Es drängt aus sich heraus. Was bei Husserl *Intentionalität* heißt, dass Bewusstsein immer Bewusstsein von etwas ist, präfiguriert in Nietzsches Denken, das kein bewusstseinstheoretisches ist, sondern als Sprengung des Bewusstseinsgehäuses fungiert, im Namen der Selbstüberwindung oder Selbsttranszendenz. Das Subjekt ist nicht hier und das Objekt dort. Es konstituiert nicht als transzendentale Subjektivität die Objektivität des Objekts, wie Kant es sieht, da es selbst von der Objektwelt konstituiert wird, bevor es sich zur konstituierenden Instanz erhebt. Eben das hat Nietzsche gewusst: dass es kein Wissen oder keine Erkenntnis gibt, die nicht Produkt der originären Kontamination des Subjekts durchs Subjektaußen wären. Es ist nicht einfach das Subjekt, das sich ins Außen transzendiert; das Außen selbst transzendiert es, um es in Scherben zurückzulassen, aus denen es die Illusion seiner Integrität und Kohärenz gewinnt. Das »Verhältnis von Selbstheit und Fremdheit«[182] erschüttert das phänomenologische Denken seit seinen Anfängen, schreibt Bernhard Waldenfels. Diese nicht nachlassende Erschütterung gehört zu seiner Notwendigkeit und Dynamik, diese es aufbrausende Ruhelosigkeit, der es nur entsprechen kann, indem es sich finalen Synthesen sperrt. Diese Sperrung ist, was wir Denken nennen.

GNADE

Das Wort ist theologischer Natur. Doch setzt sich, was es besagt, im atheistischen oder säkularen Zusammenhang fort. Seine Funktion besteht darin, eine Unterbrechung im Immanenz- oder Kausalitätskontinuum zu markieren. Plötzlich ist da ein Riss. Etwas passiert, das nicht vorherzusehen oder herbeizurufen war. So sehr man sich bemüht, bleibt das Eigentliche aus: die Erlösung, ohne deren Möglichkeit zu erhoffen niemand leben kann. »In der Gnade ist immer etwas, was durch Anstrengung nicht erreicht werden kann«[183], schreibt Hans Blumenberg. Die Gnade überfällt das Subjekt, indem sie es in einen neuen Zustand versetzt. Das ist der Zustand der Erwartungslosigkeit desjenigen, der nichts zu gewinnen, weil er alles verloren hat. Gewinn und Verlust lassen sich nicht mehr differenzieren. Sie gehen im Namen der Gnade die Art von Komplizenschaft ein, die das Subjekt ebenso erfüllt wie leer zurücklässt, um es einer Namenlosigkeit zu öffnen, die durch die Kategorien der Fülle und Leere nur verfehlt werden kann.

KARIKATUR

Im Essay über *Das Lachen* (1900) bestimmt Henri Bergson das Talent des Karikaturisten als Überbetonen des jedem Gesicht eingeschriebenen Zugs ins Grimassenhafte. Der Karikaturist erfindet die

Grimasse nicht. Er deduziert sie aus dem Gegebenen. Seine Leistung besteht darin, sich von der Ebenmäßigkeit oder Symmetrie des Gesichts nicht täuschen zu lassen. Es sieht so aus, als sähe er, was es zu verbergen trachtet. Wie ein Archäologe legt er seine verborgenen Schichten frei. Und diese Freilegung kann erbarmungslos ausfallen. Ein sonst kaum bemerktes Merkmal der porträtierten Person wird ins Hyperbolische getrieben. Eine winzige Eigenart nimmt Überhand über ihre Darstellung. Plötzlich findet sie sich ertappt, nicht in ihrem grotesken Aussehen, sondern in ihrem Bemühen, es zu kaschieren. Das Gesicht ist die Maske, die es über sich selbst legt. Bis die Karikatur sie für einen Moment entfernt. Unter der Gesichtsmaske kommt das wahre Gesicht zum Vorschein. Es tut dies nie zum Vorteil der karikierten Person. Denn was in der »Komik der Karikatur«[184] aufblitzt, ist der Punkt ihres elementaren Selbstmissverständnisses, das in der Hoffnung besteht, sich vor sich verstecken zu können, indem es ein falsches Selbst vor sein eigentliches schiebt. Genau genommen, gibt es das eigentliche nicht oder nur als den Versuch dieser Selbsttäuschung. Ist sie einmal erkannt, reizt sie zum Lachen, da der Gegenstand des Lachens nie die Vollkommenheit ist.

INTENSITÄT

Der späte Nietzsche – Pierre Klossowski hebt es hervor – hat mit allem abgerechnet, was der bürgerlichen Metaphysik als Wert gilt und galt: mit dem Individuum, der Gattung, der Identität. Es gebe sie nicht, »sondern nur Höhen und Tiefen der Intensität.«[185] Was vom Subjekt übrig bleibt, ist ein Energiewert. Das hat auch Deleuze so gesehen. Es gibt ein Subjekt nach dem Tod des Subjekts. Nur ist es kein selbsttransparentes Cogito, was nicht heißt, dass es kein Denken sei. Allerdings heißt nun Denken, sich von der Last des Gewissens und der Tradition befreit zu haben, um sich dem Ungewissen zu nähern. Dionysos ist der Gott einer Intensität, die allem Festen oder Beständigen widerstrebt. Gott des Werdens oder der Kontingenz. Indem Nietzsche einige seiner letzten Briefe als *Dionysos* unterzeichnet, bekräftigt er dieses letztmalige Aufschäumen einer Kraft, die die Intensität des Denkens über seine Grenzen hinaustreibt. Es ist diese Intensität, ihre Unschuld sowie ihr Destruktionsvermögen, die Walter Benjamin mit der Figur des *destruktiven Charakters* aufnimmt, das heißt mit dem Bild eines Denkens, das von vorne beginnt. Man kann das ideologisch nennen. Problematisch ist es ohnehin. Oder man begreift, dass immer, wenn ein Denken sich ins Unbestimmte aufmacht, eine Intensität am Werk ist, die es leicht außer Kontrolle geraten lässt.

OBJEKT / SUBJEKT

Selbstverletzung, um der antizipierten Verletzung zuvorzukommen oder der eingetretenen mit eingebildeter Souveränität zu trotzen, stellt keine Souveränität dar. Sie belegt ihr Gegenteil = den Mangel an Selbstkontrolle, die Kant mit dem Begriff der Würde und einer gewissen Autonomie assoziiert, das heißt mit der Bereitschaft, statt nur Objekt ein Subjekt zu sein.

GLUT

Dass man Heraklit den Dunklen (ὁ Σκοτεινός) nannte, hat mit seinen elliptischen Sprüchen zu tun, deren Rätselhaftigkeit ihre Deutbarkeit übersteigt, zumal sie nur in Fragmenten überliefert sind. Er heißt auch so, weil er im Licht der ephemeren Evidenzen keine Eintagsfliege sein wollte. Er misstraute der Gesellschaft, ertrug sie kaum. Kostas Axelos hat Marx und Heidegger im Horizont des heraklitischen Denkens kurzgeschlossen. Beide sind Gesellschaftskritiker, wie auch Axelos einer ist. Man solle, schreibt er, »so weit wie möglich und in der Nähe des Unmöglichen, das Dekor und die Bühne, die Repräsentation, das Rollenspiel und die Intrige, kurz: die Theatralität abschaffen, um den Weg für ein poetisches und denkendes Wort und ein glühendes Leben zu ebnen.«[186] Es ist diese Glut, für die das Feuer Heraklits sowie das Denken von Marx und Heidegger stehen.

STRINDBERG

Neben der Vergeblichkeit, die Werner Hamacher betont, ist die Gewichtslosigkeit Ideal des Modernismus. Dem Geist der Schwere wird mit Schwerelosigkeit widersprochen. Mit einem Idealismus also, den die Medientheorie rematerialisiert. Zu seiner Zeit denkt August Strindberg ans Fahrrad, das er als Vorläufer des »Luftfahrrads« imaginiert. Es kann fliegen. Es widersetzt sich der Gravitation. Eben dieser Widerstand sei Merkmal modernen Denkens oder Schreibens, die im Moment ihrer Realisation bereits veraltet sind. »Jeder Körper, der sich in progressiver Geschwindigkeit befindet, verliert an Gewicht«[187], schreibt er und lässt dabei offen, ob das gut oder schlecht sei. Es ist gut *und* schlecht. Strindberg ist weder progressiv noch konservativ. Er nimmt den Konflikt von Reaktion und Progression in sich auf, ohne ihn zu schlichten, weshalb sein Schreiben so zerrissen = modern erscheint.

ZERRISSENER TRAUM

Dass die Träume am Realen zerschellen, heißt nicht, dass das Reale über sie triumphiert. Es bestärkt sie, indem es ihre Zartheit demonstriert, während es sie zerreißt.

Sensibilismus kann man Kafka nicht vorwerfen. Was nicht heißt, dass er gefühllos sei. Er schützt das Gefühl vor dessen Sentimentalisierung, die eine inakzeptable Verkürzung der Distanz darstellt, die Bedingung der Möglichkeit lebbarer Nähe ist. Letztere ist nur durch den Erhalt einer durch nichts zu kompensierenden Ferne zu haben. »Der Weg zum Nebenmenschen«, schreibt er, »ist für mich sehr lang.«[188]

EMPHASE

In der künstlerischen Praxis wie im philosophischen Denken gilt sie als überholt. Man rechnet die Emphase der überkommenen Genieästhetik zu. Zumindest will der aktuelle Theorie-Common-Sense es so. Und dennoch tritt sie in unterschiedlicher Form im ästhetischen und philosophischen Denken auf, besonders dort, wo es sich als aktivistisch begreift. Dieter Henrich spricht vom »emphatischen Sinn von Kunst«[189] und meint damit, dass sie sich immer in Form von Dringlichkeit im Hier-und-Jetzt ihrer eigenen Bedingungen artikuliert. Sie geht als »Verständigungsbewegung« in die künstlerische Arbeit ein. Es geht darum, sich mit den Mitteln der Kunst, die keine sprachlichen Mittel sein müssen, im Jetzt zu orientieren. Die Verständigung ist notwendig, weil sie unablässig von Verständnisnöten heimgesucht bleibt. Nie ist sie Totalverständigung im Sinne totalen Verstehens. Emphatisch bleibt die Kunst allein deshalb, weil sie auf Freiheit in objektiver Unfreiheit insistiert. Sie besteht auf ästhetischer Autonomie in faktischer Heteronomie. Deshalb lässt sie sich nicht auf den Journalismus reduzieren, auch wenn sie ihm manchmal zum Verwechseln ähnlich sieht. Ihr emphatisches Moment impliziert die Vorstellung, die Welt könnte anders sein, als sie ist. Das hat nichts mit Naivität zu tun. Naiv wäre zu glauben, alles bliebe beim Alten, solange man sich nur ruhig verhält. Nichts bleibt, wie es ist, weshalb avancierte Kunst sich den Fragen der Zukunft zukehrt, im Bewusstsein davon, dass sie mit dem Zufall koaliert, mit der Kontingenz. Es gibt sie nur als theoretische und praktische Intelligenz. Sie ist immer luzide um Klarheit bemüht. Was nicht heißt, dass sie die Komplexität der Welt in Modelle der Widerspruchsfreiheit sperrt. Eher vermittelt sie sich mit dieser Komplexität, ohne sie auf Unterkomplexität zu reduzieren. Hierin liegt ihre Emphase: im Versuch das – nahezu – Unmögliche zu tun.

FRAGEN

Deleuze schreibt, dass nur der Fragende in der Lage sei, seine Fragen zu beantworten.[190] Wie immer hat er recht. Die Antwort auf die Frage liegt in ihr selbst. Man muss sogar so weit gehen, festzustellen, dass die Frage mit der Antwort in eins fällt. Antwort und Frage sind kaum unterscheidbar. Was sie trennt, ist die Grammatik, nicht der Inhalt. Wer genau zu fragen weiß, gibt sich mit der Genauigkeit der Fragestellung selbst die Antwort. Nicht, weil er alles wüsste, sondern, weil das Nichtwissen, das die Frage antreibt, zur Wahrheit der Antwort gehört.

PHANTASMEN

Bestimmt ist es keine gute Idee, die Begriffe des philosophischen Denkens zu verwerfen, um sie durch – angeblich – schlichtere, einfachere, gerechtere Wörter zu ersetzen, da ihre Funktion doch darin besteht, die Phantasmen der Gerechtigkeit, Einfachheit und Schlichtheit zu zerstören.

TRANSZENDENZ & IMMANENZ

In seinem Kommentar zu Deleuzes letztem Text *L'immanence: une vie* (1995) gelangt Giorgio Agamben zu folgender diagrammatischen *conclusio*, die eine gewisse Sequenz der modernen Philosophie schematisiert:

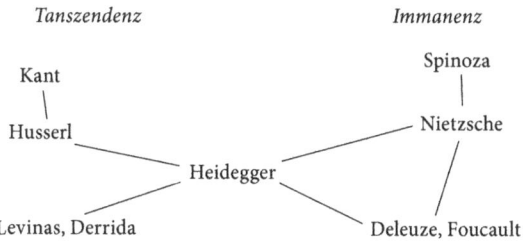

179

Natürlich ist es richtig zwischen einer »Linie der Immanenz« und einer »der Transzendenz« zu unterscheiden, wie Agamben es tut.[191] Ebenso richtig ist es, die beiden Linien sich kreuzen zu lassen, nicht wie Parallelen, die sich im Unendlichen berühren, und nicht nur in »Heidegger«, der die Figur eines rätselhaften Chiasmus zeichnet, als Kreuzungsstätte von Transzendenz und Immanenz. Für Spinoza, für Kant, für Nietzsche, für Husserl gilt bereits, was für Levinas, für Derrida, für Foucault und Deleuze gilt, dass sie solche Kreuzungen darstellen, dass ihr Denken eine Transzendenz-Immanenz-Verklammerung darstellt, wobei man wissen muss, dass diese Klammer gleichermaßen verbindet wie trennt. Spinozas *eine* Substanz teilt sich in *natura naturans* und *natura naturata*, in schöpferische und geschaffene Natur, Kants Welt zerspringt in eine noumenale und eine phaenomenale Sphäre, Nietzsches Realität kennt keine Hinterwelt, aber die Differenz von apollinischer Homogenität und dionysischem Ungrund, Husserl öffnet sich schließlich dem kinästhetischen Leib und der Präsenz des Anderen in der Perspektive phänomenologischer Immanenz, Levinas adressiert den ganz Anderen (*tout autre*) im immanenten Hier und Jetzt, Derrida fragt nach dem Nichtdekonstruierbaren (Gerechtigkeit etc.) im Horizont einer alles erfassenden Dekonstruktion, Foucault richtet sein Denken auf das undenkbare Ungedachte, Deleuze unterscheidet zwischen Geschichte/Historie und transhistorischem Werden. Jeder dieser Denker *öffnet die Immanenz in sich.* Nicht, um sich dem überlieferten Transzendenzdenken der ontotheologischen Tradition (wenn es sie in dieser Einheitlichkeit und Geschlossenheit je gegeben hat) anzuschließen, sondern um seine Alternative, den Immanentismus des Endlichen, durch ein Element integraler Unendlichkeit, das heißt impliziter Transzendenz, zu komplizieren. Sich dieser Unendlichkeit und Transzendenz zu öffnen, bedeutet nicht, Gott auferstehen zu lassen oder ein absolutes Subjekt. Es bedeutet, sowohl die Absolutierung einer gegebenen Transzendenz zu bestreiten, als auch den sich absolutierenden Immanentismus, indem man ihn an sein Außen grenzen lässt, das man Transzendenz nennen kann, solange dieses Wort keine Realität markiert, sondern die Brüchigkeit der Konsistenzzone *Realität*.

LEERE

Das Denken von Simone Weil dreht sich um die Leere. Sie soll hingenommen werden, damit es Übernatürliches geben kann. Schließlich ist die Leere in jedem Einzelnen wie überall in der Welt. Gott selbst ist Leere. Sich im Gebet an Gott zu wenden, verlangt, die Leere in sich anzuerkennen, um ihn als Signifikanten der Leere oder als leeres Signifikat zu empfangen. Es handelt sich nicht um eine personale Instanz. Gott ist keine Person. Er ist Index seiner Inexistenz. Auf sie ist das Subjekt ausgerichtet. Es muss diese Ausrichtung nur bejahen, indem es

Platz für die Leere in sich schafft. Es leert sich für die Leere = macht sich bereit, das Nichts zu empfangen.

WAS MACHT DER DJ?

1. Heterogenes Material zusammenführen, ohne Homogenität zu erzwingen

Das Konzept der *Nichtidentität* ist das wesentliche Konzept der DJ Culture. Bei Adorno wird es in den Texten der 1960er-Jahre zentral, also in dem Moment, in dem sich der klassische DJ der Fragmentierung des aufgelegten Materials zu widmen beginnt, der Selektion von Bruchstücken, deren Überlagerung und Zusammenspiel etwas Neues ergibt. Neues aus Bestehendem: Eben diese Vorstellung nicht-idealistischer Neuheit lässt Adorno noch gelten. Man könnte auch von einem schöpferischen Aristotelismus sprechen, wobei der Eigenname *Aristoteles* auf Nichtidealismus oder, vereinfacht, Empirie verweist, auf die Unmöglichkeit einer *creatio ex nihilo*, und die Kategorie des *Schöpferischen* auf die Notwendigkeit und Möglichkeit, aus Bestehendem Neues zu machen, etwas, was so noch nicht existiert. Jedenfalls hat Adorno wiederholt auf dem Paradoxon bestanden, aus Altem Neues und aus Bekanntem Unbekanntes oder aus Vertrautem Unvertrautes zu machen. In seinen ästhetischen Überlegungen dachte er mehr noch als an die Literatur an die Musik. Die Berechtigung und Notwendigkeit der

Verabschiedung tradierter Metaphysik = des immer gewaltsam Synthesen erzwingenden Denkens, das er *identifizierendes Denken* nennt, soll einer *negativen Dialektik* weichen, die der Nichtidentität im Denken und in der künstlerischen Produktion Rechnung trägt. Der metaphysikkritische Zug seines Denkens hat Adorno auf Nichtidentität, Disparatheit, Heterogenität verpflichtet. Er schließt zugleich das Bestehen auf der Notwendigkeit und Möglichkeit ein, in der Kunst sowie im Denken das Bestehende mit der Erfindung von Neuem zu destabilisieren oder zu durchbohren.

2. Konsistenzerschütterung & Evidenzeintrübung

Es gibt eine ontologische Dimension des DJing. Sie besteht im (impliziten) Verhandeln ontologischer Kategorien wie Identität und Differenz, Homogenität und Heterogenität, Einheit und Vielheit, sowie in der Insistenz darauf, dass es nur spielerisch geschehen kann, als Kontingenzöffnung = Spiel mit dem Zufall, mit dem, was nicht schon feststeht, was die Konsistenzen erschüttert und die Evidenzen eintrübt. Gespielt wird zwar nach Regeln (ein regelloses Spiel wäre keines), doch geht es darum, die Regeln zu reizen oder zu überreizen, bis sie sich aufzulösen beginnen. So streng und genau, so präzise und bewusst der DJ operiert, so sehr profitiert oder lebt seine Tätigkeit von der Eingebung, der Selbstunterbrechung und Drift, von der Bereitschaft also, das Geplante über den Haufen zu werfen, um sich einer Momenthaftigkeit im Club zu öffnen, die nicht geplant werden kann. Nur so werden Momente unverhofften Glücks möglich, seltener Grazie, indem man dem Moment seine Singularität erstattet, sein Ereignishaftes spielen lässt, das als Diskontinuität wirkt, als Loch in der Zeit und ihrer Wahrnehmung, zum Beispiel, indem man disparate Tracks kompossibilisiert.

3. Mixen

Das Kompossibilisieren geschieht als Mixen. Im Mixen erhält sich Differenz. Zugleich wird die Differenz zerrieben, sie wird zumindest durchlöchert, sodass eine Wechselwirkung, ein Austausch, eine Kooperation des disparaten Materials stattfinden kann. Reibungsenergien werden freigesetzt, Friktionen eröffnen neue Erfahrungsräume. Es stellen sich Evidenzen jenseits von richtig und falsch ein. Die Logik des DJing beugt sich in keinem Moment dem Diktat der Widerspruchsfreiheit. Sie lebt nicht nur vom Konflikt, sie provoziert und intensiviert ihn. Das Mixen ist zwar ein Mischen, doch was es mischt, erhält sich seine Heterogenität. Zum Mixen gehört Aufmerken auf Differenz. Durchs Aufmerken werden Homogenisierungsprozesse in Gang gesetzt. Nie annullieren sie die Heterogenität des Materials. Eher spielen sie sie aus, um Neues aus ihm zu komponieren, dessen Beständigkeit die Beständigkeit des

Moments ihrer Komposition hat. Sie zerfallen wieder. Dieser Zerfall wird auf dem Dance Floor als etwas Beglückendes registriert. Aus ihm entsteht weiteres Neues. Unverhofftes kündigt sich an. Um es in den Kategorien des Deutschen Idealismus zu sagen: Die *Identität von Identität und Differenz* zerfällt laufend von Neuem, um sich immer wieder neu, allerdings anders als zuvor, nie identisch mit ihrer vorherigen Gestalt, zu rekonstituieren.

4. Den Floor zum Tanzen bringen

Statt nur die Leute zum Tanzen zu bringen, bringt das DJing den Floor zum Tanzen. Jeder, der in einem Club war, kennt den Moment, in dem der Floor zu tanzen beginnt. Der Tanzende versinkt nicht nur in Kollektivität, es ist ein gemeinsamer Verlust der Identität und des Bodens, auf dem sie Sinn und Bedeutung erhält. Der Verlust von Identität und Boden erlöst von allem Gravitätischen. Der Grund wird durchlöchert und diese Durchlöcherung bewusst erlebt. Bevor man dieses Erlebnis mit einem Trancezustand assoziiert, muss man sich bewusst machen, dass es um einen Zustand gesteigerter Wahrnehmung oder Bewusstheit geht. Jedem auf dem Dance Floor ist das Brenzlige solcher Momente bewusst. In ihnen steht die Substanz jedes Einzelnen auf dem Spiel, in Kommunikation mit den anderen, deren Andersheit ebenso deutlich erscheint, wie die Unmöglichkeit, sie substanziell von mir zu trennen. Ohne falschem Pathos nachzugeben, muss man begreifen, dass es sich bei der kollektiven Erfahrung schwindenden Bodens um die des Abgrunds handelt, wie sie die Philosophie über Hölderlin und Hegel bis hin zu Nietzsche, Heidegger, Agamben skizziert. Der »Abgrund«, der Giorgio Agamben zufolge »zwischen dem Ich und dem Anderen klafft«[192], ist nicht nur derjenige zwischen Wissen und Begehren oder Bewusstem und Unbewusstem. Er ist zudem die Differenz, die das Sehen vom Nichtsehen, die Einsicht von der Blindheit, das Verstehen vom Nichtverstehen trennt. Das aber heißt, dass es sich bei diesem Abgrund um die Welt selbst handelt, nicht in ihrer symbolischen, kommunikativen, sozialen Dimension, sondern um die Welt als Kontingenzspektrum, als gespreiztes Nichts, als bodenlose Tiefe und namenloses Desaster, wie sie in der Rede vom Tod Gottes aufscheinen, nicht zwingend als zermürbende Wahrheit, sondern ebenso als die Art von Freiheit, die mit Indeterminismus in eins fällt, mit dem Glück, als Subjekt weder gewollt noch bedeutungskontrolliert oder sinngesteuert zu sein. Der Abgrund zwischen dem anderen und mir, ist Index der verrücktesten Leidenschaften, der Liebe und des Begehrens, die jedes Kalkül übersteigen, um schließlich doch so etwas wie Sinn und Bedeutung durch den Akt ihrer Suspension zu konstituieren.

5. Den Erwartungen resistieren

Offenheit für Heterogenität, Konsistenzerschütterung und Evidenzeintrübung, das Mixen disparaten Materials, den Floor zum Tanzen bringen: Das sind vier Merkmale oder Möglichkeiten des DJing. Entscheidend ist, dass es, entgegen einer allgemeinen Vorstellung, nie um Gefälligkeit dem Publikum gegenüber geht. Es gibt ein Resistenzmoment gegenüber den ihm entgegengebrachten Erwartungen, das das DJing ausmacht. Es geht immer auch um Widerstand gegenüber dem kulturellen, politischen, ästhetischen etc. Mainstream. Zugleich vermeidet der gute DJ die pädagogische Attitude. Er tritt nicht als Erzieher auf. Schlechte DJs erkennt man am diktatorischen Gestus. Im schlimmsten Fall genießen sie Macht und alles versumpft in Narzissmus. Überzeugende DJs weisen diese Macht zurück, indem sie ihre eigene Position *in actu* infrage stellen. Sie durchlöchern ihr Material. Die Resistenz richten sie auch gegen sich selbst, weshalb noch zum coolsten DJing Humor gehört, Selbstironie oder Selbstsuspension, zum Beispiel mit den Mitteln der Selbstkompromittierung durch Selbstunterbrechung, durch Launenhaftigkeit. Der DJ ist sprunghaft. Ungebremst von Diktaten des Geschmacks oder etablierter Ästhetiken bewegt er sich entschieden von hier nach dort. Manchmal besteht seine Tätigkeit eher im Zerreißen des Materials als in seiner Zusammensetzung. In solchen Momenten gleicht er Walter Benjamins Figur des *destruktiven Charakters*. Er will dann *tabula rasa* machen, ganz von vorne anfangen, obwohl er der Erste ist, der weiß, dass dies nicht geht.

6. Fragile Immanenz demonstrieren

Indem der DJ Glück erzeugt, weckt er Traurigkeit. Zum DJing gehört, kritische Glücksmomente als kathartische Traurigkeiten zu provozieren. Die Zusammenstellung der Tracks, der Sound- oder Musikfetzen, gibt einer Kontingenzerfahrung Raum, die zu beglückenden wie verunsichernden Resonanzen führt. Alles könnte auch anders sein! Die Ontologie des Dance Floors ergibt sich aus dem Zusammenspiel von gespieltem Material, tanzender Menge, kollektiver Erfahrung von Bodenlosigkeit. Wie jeder weiß, sind, wenn nicht synthetische, körpereigene Drogen im Spiel. Die Heterogenität oder Zerrissenheit des Gesamtgeschehens wird im Spiegel nicht-identitärer Identität erfahren. Der Spiegel öffnet den Raum einer gewissen Indefinität. Das Endlichkeitsspektrum wird von einem Unendlichkeitsvektor durchkreuzt, wie in klassischer Musik, wie bei Bach. Die Logik des DJing schließt eine Metaphysik der Immanenz oder der Leere ein. Sie referiert nicht auf religiöse Transzendenz. Was sie indiziert, ist ihre Unmöglichkeit zugunsten einer Immanenz ohne Transzendenz, oder besser einem unendlich fragwürdigen Diesseits.

ANMERKUNGEN

1 Vgl. Georges Didi-Huberman, *Venus öffnen. Nacktheit, Traum, Grausamkeit. Das sich öffnende Bild 1*, Zürich / Berlin 2006, S. 38 f.

2 Ludwig Wittgenstein, *Briefwechsel mit B. Russell, G. E. Moore, J. M. Keynes, F. P. Ramsey, W. Eccles, P. Engelmann und L. von Ficker*, hrsg. von B. F. McGuinness und G. H. von Wright, Frankfurt a. M. 1980, S. 48.

3 Ebd., S. 47.

4 George Steiner, *Im Raum der Stille. Lektüren*, Berlin 2011, S. 153.

5 Zitiert nach: Rush Rhees (Hg.), *Ludwig Wittgenstein. Porträts und Gespräche*, Frankfurt a. M. 1987, S. 121.

6 Rainer Maria Rilke, *Die Gedichte*, [nach der von Ernst Zinn besorgten Edition der Sämtlichen Werke], Frankfurt a. M. 1957 (Elfte Auflage) 1999, S. 629.

7 Vgl. Marcus Steinweg, *Sprachlöcher*, Berlin 2023, S. 47.

8 Jean-Luc Nancy, »Die Unruhe des Negativen«, in ders., *Hegel. Die spekulative Anmerkung / Die Unruhe des Negativen*, Zürich 2011, S. 173.

9 Susan Sontag, »Anmerkung zu Simone Weil«, in dies., *Kunst und Antikunst. 24 literarische Analysen*, Frankfurt a. M. 1982, S. 102.

10 Giorgio Agamben, *Kindheit und Geschichte. Zerstörung der Erfahrung und Ursprung der Geschichte*, Frankfurt a. M. 2001, S. 193.

[11] Georges Bataille, *Theorie der Religion*, München 1997, S. 24 ff.

[12] Friedrich Hölderlin, »Mnemosyne«, in ders., *Sämtliche Werke*, Band 2, Stuttgart 1953, S. 203–205.

[13] Martin Heidegger, *Erläuterungen zu Hölderlins Dichtung*, Frankfurt a. M. 2012 (Dritte Auflage), S. 62 f.

[14] Peter Sloterdijk, *Reflexionen eines nicht mehr Unpolitischen* / Hans Ulrich Gumbrecht, *Wachheit*, Berlin 2013, S. 36.

[15] Henri Michaux, *Turbulenz im Unendlichen*, Berlin 2018, S. 87.

[16] Søren Kierkegaard, *Berliner Tagebücher*, Berlin / Wien 2000, S. 43.

[17] Søren Kierkegaard, ebd., S. 30.

[18] »Der Begriff der Dialektik bewährt sich in seinem Gebrauch«, schreibt Walter Schulz in *Philosophie in der veränderten Welt* (Tübingen 1972, S. 847 ff.) und will damit sagen, dass er unfestgelegt bleiben muss: vage = offen für die Erfahrungen, die sich mit seinem Gebrauch einstellen. Die Dialektik ist mehr als eine Methode. Sie ist Mittel eines gegen sich selbst denkenden Denkens, doch indem sie es ist, ist sie Öffnung auf den Zerrissenheitsstatus der Welt. »Einheit und Zerrissenheit unserer Wirklichkeit« finden in ihr zusammen, ohne dass es zu einer endgültigen Schlichtung ihres Widerstreits kommen kann. Es soll zu dieser Schlichtung allein deshalb nicht kommen, weil mit ihr die Dialektik verraten wäre. Schließlich misst sich das dialektische Denken samt seines Selbstwiderspruchs am Weltwirklichen, das dermaßen zerrissen erscheint, dass nur ein zerrissenes Denken ihm entsprechen kann. Adorno spricht von einer *Negativen Dialektik*, Derrida von *Dekonstruktion* = einem Denken, das sich unlösbaren Aporien exponiert. Auch Gadamer, dessen Schüler Schulz war, war nicht unempfänglich fürs

Unlösbare der Problematik eines Denkens, das sich in einer fragmentierten Welt zu behaupten versucht, um sie zu verstehen. Allerdings haben alle Genannten das Streben nach einer gewissen Kohärenz der Darstellung des Inkohärenten gemeinsam. Eben dieses Streben ist Dialektik, die sich der Unmöglichkeit ihrer Schließung oder Totalisierung beugt, indem sie ihr widerstrebt.

19 Ebd., S. 32.

20 Marguerite Duras, *Die grünen Augen*, München 1990, S. 121 (Zitate zum Teil grammatikalisch modifiziert).

21 Etel Adnan, *Schreiben in einer fremden Sprache*, Berlin 2016, S. 22.

22 Peter Szondi, *Einführung in die literarische Hermeneutik*, Studienausgabe der Vorlesungen, Band 5, Frankfurt a. M. 1975, S. 198.

23 Friedrich Hölderlin, »An die Parzen«, in ders., *Sämtliche Gedichte*, Band 4, Frankfurt 2005, S. 197.

24 Karl Löwith, »Friedrich Nietzsche, nach sechzig Jahren«, in ders., *Gesammelte Abhandlungen. Zur Kritik der geschichtlichen Existenz*, Stuttgart 1966, S. 128.

25 Christian Metz, *Kitzel. Genealogie einer menschlichen Empfindung*, Frankfurt a. M. 2020, S. 103.

26 Georg von Lukács, *Die Seele und die Formen. Essays*, Berlin 1911, S. 64.

27 Ludwig Wittgenstein, *Denkbewegungen. Tagebücher 1930–1932 / 1936–1937* (Erster Teil), Innsbruck 1997, S. 79.

28 Vgl. Marcus Steinweg, *Politik des Subjekts*, Zürich / Berlin 2009.

29 Hans Blumenberg, *Quellen, Ströme, Eisberge*, Berlin 2012, S. 10.

30 Eugen Fink, *Hegel. Phänomenologische Interpretationen der »Phänomenologie des Geistes«*, Frankfurt a. M. 1977, S. 51 f.

31 Gilles Deleuze, »Nietzsches Gelächter«, in ders., *Die einsame Insel. Texte und Gespräche 1953–1974*, Frankfurt a. M. 2003, S. 189.

32 Hans Blumenberg, *Die nackte Wahrheit*, Berlin 2019, S. 30.

33 Aristoteles, *Politik*, 1253a1 f.

34 Giorgio Agamben, *Was ist Philosophie?*, Frankfurt a. M. 2018, S. 44.

35 Georg Simmel, »Zum Verständnis Nietzsches«, in ders., *Aufsätze und Abhandlungen 1901–1908*, Band 1, GA, Band 7, Frankfurt a. M. 1995, S. 58.

36 Slavoj Žižek, *Liebe dein Symptom wie Dich selbst! Jacques Lacans Psychoanalyse und die Medien*, Berlin 1991, S. 23.

37 Heiner Müller, »Jenseits der Nation«, Berlin 1997, S. 31.

38 Gilles Deleuze, *Nietzsche und die Philosophie*, Hamburg 2002, S. 133.

39 Susan Sontag, *Kunst und Antikunst. 24 literarische Analysen*, a. a. O., S. 180.

40 Unseld Briefwechsel, S. 787 ebook.

41 Martin Heidegger, »Überwindung der Metaphysik«, in ders., *Vorträge und Aufsätze*, GA 7, Frankfurt a. M. 2000, S. 71.

42 Mit dem Motiv des Endes zu brechen – zum Beispiel demjenigen, das das Ende der Metaphysik beschwört oder konstatiert –, ist nicht Privileg des Denkens Alain Badious. Bereits Heidegger macht Schluss mit dem Ende. So sehr sein Denken aus der abendländischen Metaphysiktradition auszusteigen vorgibt, so entschieden vergräbt es sich in ihr. Heidegger ist sich dessen bewusst, dass ein einfacher Ausstieg nicht gelingen kann. Es gilt also, einen gemäßen Einstieg in diese Tradition zu riskieren. Einen Einstieg, der sich als Ausstieg konzipiert, ohne totaler Ausstieg sein zu können. Deshalb spricht Heidegger von *Verwindung*,

statt von *Überwindung* der Metaphysik. Was Jacques Derrida *Dekonstruktion* nennt, trägt dem Rechnung. Die Dekonstruktion der Metaphysik ist, was die Metaphysik selbst ausmacht. Sie ist Selbstdekonstruktion, weshalb analog dazu Jean-Luc Nancy von der *Dekonstruktion des Christentums* sprechen kann. Das Christentum dekonstruiert sich selbst. Es ist die Bewegung seiner Selbstzersetzung. Es stellt sich infrage – unentwegt. Die Dekonstruktion der Metaphysik oder des Christentums findet kein Ende. Weil es so ist, wird es keinen einfachen Ausstieg aus ihnen geben. Zumindest ist das die Situation okzidentalen Denkens: dass es sich nicht von sich verabschieden kann, ohne sich erneut und immer wieder mit sich zu konfrontieren, mit seiner Nomenklatur, seiner Grammatik, seinen Problemen. Die Metaphysizität des Denkens liegt in diesem nie gelingenden und dennoch zwangsläufigen Selbstübersteigen/schreiten = in einer an Tragik kaum zu überbietenden Transzendenz, die bestenfalls durchs Nichtgelingen gelingt. Badiou hat recht damit, das Motiv des Endes zurückzuweisen. Was er unterschlägt oder übersieht, ist, dass sowohl Heidegger als auch Nancy und Lacoue-Labarthe sich der Endlosigkeit des Transzendenzgeschehens bewusst sind, statt schlicht das Ende der Metaphysik zu proklamieren.

43 Hans-Georg Gadamer, *Philosophische Lehrjahre. Eine Rückschau*, Frankfurt a. M. 1995, S. 214.

44 Georg Wilhelm Friedrich Hegel, *Grundlinien der Philosophie des Rechts*, Werke 7, Frankfurt a. M. 1986, S. 26.

45 Alain Badiou, *Paulus. Die Begründung des Universalismus*, München 2002, S. 71. Vgl. das erste Kapitel des Buchs, das *Paulus der Zeitgenosse* betitelt ist.

46 Vgl. Giorgio Agamben, *Qu'est-ce que le contemporain?*, Paris 2008, S. 40.

47   Vgl. Alain Badiou / Élisabeth Roudinesco, *Jacques Lacan. Gestern, heute, Dialog*, Wien 2014, S. 35.

48   Roland Barthes, *Lexik des Autors. Seminar an der École pratique des hautes études 1973-1974 / Unveröffentlichte Fragmente »Über mich selbst«*, Berlin 2018, S. 254 f.

49   Martin Heidegger, *Metaphysische Anfangsgründe der Logik*, GA 26, Frankfurt a. M. 1978, S. 198.

50   Ludwig Feuerbach, »Luther als Schiedsrichter zwischen Strauß und Feuerbach«, in ders., *Kritiken und Abhandlungen II (1839-1843)*, Werke 3, Frankfurt a. M. 1975, S. 246.

51   Martin Heidegger, *Geschichte der Philosophie von Thomas von Aquin bis Kant*, GA 23, Frankfurt a. M. 2006, S. 34.

52   Peter Sloterdijk, *Tau von den Bermudas. Über einige Regime der Einbildungskraft*, Frankfurt a. M. 2001, S. 41.

53   Friedrich Schlegel, »Athenaeum-Fragmente«, in ders., *Charakteristiken und Kritiken I (1796-1801)*, Kritische Friedrich Schlegel Ausgabe, hrsg von Ernst Behler unter Mitwirkung von Jean-Jacques Anstett und Hans Eichner, München / Paderborn / Wien 1967, S. 173.

54   Hannah Arendt / Heinrich Blücher, *Briefe 1936-1968*, München 1999, S. 384.

55   Martin Heidegger, *Zur Auslegung von Nietzsches II. Unzeitgemäßer Betrachtung*, GA 46, Frankfurt a. M. 2003, S. 259.

56   Gilles Deleuze, »Mystik und Masochismus«, in ders., *Die einsame Insel. Texte und Gespräche 1953-1974*, Frankfurt a. M. 2003, S. 192.

57   Günther Anders, *Tagesnotizen. Aufzeichnungen 1941-1979*, Frankfurt a. M. 2006, S. 76.

58   Jean-Luc Nancy, *Cruor*, Zürich 2022, S. 72.

59   Friedrich Kittler, *Unsterbliche. Nachrufe, Erinnerungen, Geistergespräche*, München 2004, S. 125.

[60] Jacques Lacan, *Encore, Das Seminar Buch XX*, Weinheim / Berlin 1991, S. 39.

[61] Giorgio Agamben, *Idee der Prosa*, Frankfurt a. M. 2003, S. 56.

[62] Martin Heidegger, *Was heisst Denken?*, Tübingen 1954, S. 152.

[63] Die »jüdisch-christliche Tradition« betreffend meint Lacan, dass sich das Subjekt bei »allen wesentlichen Fragen«, aufgefordert finde, »sich als *ich* zu rechtfertigen.« Vgl. Jacques Lacan, *Die Psychosen, Das Seminar Buch III (1955–1956)*, Weinheim / Berlin 1997, S. 338 f.

[64] Sigmund Freud, »Neue Folge der Vorlesungen zur Einführung in die Psychoanalyse«, in ders., *Gesammelte Werke*, Band XV, Frankfurt a. M. 1933, S. 88.

[65] Gilles Deleuze, »Vier Thesen über die Psychoanalyse«, in ders., *Schizophrenie & Gesellschaft. Texte und Gespräche 1975–1995*, Frankfurt a. M. 2005, S. 76.

[66] Ebd., S. 78.

[67] Gilles Deleuze, »Erschöpft. Ein Essay«, in: Samuel Beckett, *Quadrat, Geister-Trio, … nur noch Gewölk …, Nacht und Träume. Stücke für das Fernsehen*, Frankfurt a. M. 1996, S. 53.

[68] Marguerite Duras, *La passion suspendue. Entretiens avec Leopoldina Pallotta della Torre*, Paris 2013, S. 66.

[69] Ebd., S. 76.

[70] Roland Barthes, *Lexik des Autors. Seminar an der École pratique des hautes études 1973–1974 / Unveröffentlichte Fragmente »Über mich selbst«*, a. a. O., S. 150.

[71] Ebd., S. 151.

[72] Henri Michaux, *Passagen*, Wien 1999, S. 92.

[73] Ludwig Wittgenstein, *Denkbewegungen*, a. a. O., S. 94.

[74] Giorgio Agamben, *Was ist Philosophie?*, Frankfurt a. M. 2018, S. 53.

[75] Jacques Lacan, *Encore, Das Seminar XX (1972–1973)*, a. a. O., S. 9.

[76] Ebd., S. 100.

[77] Susan Sontag, »Über den Stil«, in dies., *Kunst und Antikunst. 24 literarische Analysen*, a. a. O., S. 35.

[78] Heraklit, *Fragmente*, Griechisch und Deutsch, herausgegeben von Bruno Snell, Zürich / München 2004, S. 32 f.

[79] Maurice Blanchot, »Das analytische Sprechen«, in ders., *Das Neutrale. Philosophische Schriften und Fragmente*, Zürich / Berlin 2010, S. 116.

[80] Peter Sloterdijk, *Kopernikanische Mobilmachung und ptolemäische Abrüstung. Ästhetischer Versuch*, Frankfurt a. M. 1987, S. 78.

[81] Vgl. Cornelia Vismann, *Medien der Rechtsprechung*, Frankfurt a. M. 2011.

[82] Hans Blumenberg, *Die Vollzähligkeit der Sterne*, Frankfurt a. M. 2011, S. 49 f.

[83] Günther Anders, *Ketzereien*, München 1996, S. 237.

[84] Samuel Beckett, *Was bleibt, wenn die Schreie enden? Briefe 1966–1989*, Berlin 2018, S. 431.

[85] Ludwig Wittgenstein, *Geheime Tagebücher 1914–1916*, Wien 1991, S. 71.

[86] In: Christiane Meyer-Thoss, *Louise Bourgeois. Konstruktionen für den freien Fall*, Zürich 2016, S. 106.

[87] Ebd.

[88] Pascal Quignard, *Die wandernden Schatten. Letztes Königreich I*, Zürich / Berlin 2015, S. 32.

[89] Marguerite Duras, *Die grünen Augen*, a. a. O., S. 98.

[90] Roland Barthes, *Wie zusammen leben. Simulationen einiger alltäglicher Räume im Roman*, Vorlesung am Collège de France 1976–1977, Frankfurt a. M. 2007, S. 207.

[91] Gilles Deleuze, *Schizophrenie & Gesellschaft. Texte und Gespräche 1975–1995*, a. a. O., S. 262.

[92] Theodor W. Adorno, *Minima Moralia. Reflexionen aus dem beschädigten Leben*, Frankfurt a. M. 2001, S. 80.

93 Giorgio Agamben, *Die Erzählung und das Feuer*, Frankfurt a. M. 2017, S. 89.

94 Theodor W. Adorno, *Ästhetische Theorie*, Gesammelte Schriften, Band 7, hrsg. von R. Tiedemann, unter Mitwirkung von G. Adorno, S. Buck-Morss, und K. Schultz, Frankfurt a. M. 1997, S. 418.

95 Sören Kierkegaard, *Die Tagebücher*, Düsseldorf / Köln 1980, S. 57.

96 Susan Sontag, *Kunst und Antikunst. 24 literarische Analysen*, a. a. O., S. 143.

97 Ludwig Wittgenstein, *The Big Typeskript*, Wiener Ausgabe, hrsg. von Michael Nedo, Wien / Frankfurt a. M. 2000, S. 284.

98 Paul Cézanne, *Briefe*, Zürich 1962, S. 256.

99 Ebd., S. 243 (Brief an Gasquet vom 26.9.1897).

100 Marguerite Duras, *Das tägliche Leben*, Frankfurt a. M. 1988, S. 36 (grammatikalisch modifiziert).

101 Ebd., S. 35

102 Ebd.

103 Ebd., S. 34.

104 Franz Kafka, *Tagebücher*, hrsg. von Hans-Gerd Koch, Michael Müller, Malcolm Pasley, Frankfurt a. M. 1990, S. 562 (Eintrag vom 1.7.1913). Vgl. Sonja Dierks / Marcus Steinweg, *Kafka*, Berlin 2024, S. 78.

105 Georg Wilhelm Friedrich Hegel, »Entwürfe über Religion und Liebe«, in ders., *Frühe Schriften*, Werke 1, Frankfurt a. M. 1986, S. 248.

106 Ludwig Wittgenstein, *The Big Typeskript*, a. a. O., S. 139.

107 Henri Michaux, *Passagen*, Graz / Wien 1999, S. 95.

108 Vgl. Henri Michaux, *Meine Besitztümer*, Graz / Wien 2003, S. 128.

109 Henri Michaux, *Erkenntnis durch Abgründe*, Graz / Wien 1998, S. 179.

110 Ebd.

111 Ebd., S. 181.

[112] Ebd., S. 189.

[113] Ebd., S. 192.

[114] Jacques Lacan, *Die Psychosen, Das Seminar Buch III (1955–1956)*, a. a. O., S. 12.

[115] Aufs Phänomen des Regenbogens kommt Lacan auf Seite 374 f. des Psychosen-Seminars zu sprechen.

[116] Giorgio Agamben, *Idee der Prosa*, a. a. O., S. 17.

[117] Hans Blumenberg, *Begriffe in Geschichten*, Berlin 2016, S. 240 f.

[118] Platon, *Politeia*, 509B.

[119] Marguerite Duras, *Die grünen Augen*, a. a. O., S. 106.

[120] Ebd., S. 103.

[121] Ebd., S. 99.

[122] Ludwig Wittgenstein, *Vermischte Bemerkungen*, Frankfurt a. M. 1977, S. 73.

[123] Vgl. Giorgio Agamben, »Fallende Schönheit«, in: Bayrische Staatsgemäldesammlungen (Hg), *Cy Twombly in der alten Pinakothek München. Skulpturen 1992–2005*, Ausstellungskatalog, München 2006, S. 13 ff.

[124] Georges Bataille, *Die innere Erfahrung*, München 1999, S. 100.

[125] Jacques Lacan, »Hommage fait à Marguerite Duras, du ravissement de Lol V. Stein«, in ders., *Autres écrits*, Paris 2001, S. 191 ff.

[126] Martin Heidegger / Karl Jaspers, *Briefwechsel 1920–1963*, Frankfurt a. M. 1990, S. 86.

[127] Martin Heidegger, *Erläuterungen zu Hölderlins Dichtung*, Frankfurt a. M. 1981 (5. Aufl.), S. 63.

[128] Rainer Maria Rilke, *Die Aufzeichnungen des Malte Laurids Brigge*, Frankfurt a. M. 1996, S. 195.

[129] Theodor W. Adorno, *Mahler. Eine musikalische Physiognomik*, Frankfurt a. M. 1972, S. 87.

[130] Peter Sloterdijk, *Der Denker auf der Bühne. Nietzsches Materialismus*, Frankfurt a. M. 1986, S. 188.

[131] Vgl. Rush Rhess (Hrsg.), *Ludwig Wittgenstein. Porträts*

und Gespräche, Frankfurt a. M. 1987, S. 67, sowie Ray Monk, *Wittgenstein. Das Handwerk des Genies*, Stuttgart 1992, S. 392.

132 Ludwig Wittgenstein, *Vermischte Bemerkungen*, Werkausgabe, Band 8, Frankfurt a. M. 1984, S. 492.

133 Jean-Luc Nancy, »Offener Brief Jean-Luc Nancys an den Autor«, in: Michel Surya, *Der andere Blanchot. Das Schreiben des Tages, das Schreiben der Nacht*, Berlin 2020, S. 199.

134 Vgl. Ludwig Wittgenstein, *Zettel*, Werkausgabe, Band 8, Frankfurt a. M. 1984, S. 436.

135 Friedrich Nietzsche, *Nachgelassene Fragmente 1880–1882*, KSA 9, München / Berlin / New York 1988, S. 479.

136 Donald Kuspit, *Ein Gespräch mit Louise Bourgeois*, Bern / Wien 2011, S. 62.

137 Susan Sontag, *Im Zeichen des Saturn. Essays*, Frankfurt a. M. 2018, S. 178.

138 Hélène Cixous, »Szenen des Menschlichen«, in: Mireille Calle (Hrsg.), *Über das Weibliche*, Düsseldorf / Bonn 1996, S. 114.

139 Peter Handke, *Gestern unterwegs. Aufzeichnungen November 1987 bis Juli 1990*, Frankfurt a. M. 2007, S. 327.

140 Jean-Luc Nancy, *Was tun?*, Zürich / Berlin 2017, S. 18.

141 Maurice Blanchot, *Der Gesang der Sirenen. Essays zur modernen Literatur*, München 1962, S. 289.

142 Samuel Beckett, »Der Ausgestoßene«, in ders., *Erzählungen und Texte um Nichts*, Frankfurt a. M. 1984, S. 15.

143 Theodor W. Adorno, *Ästhetische Theorie*, a. a. O., S. 52.

144 Jean Starobinski, *Aktion und Reaktion. Leben und Abenteuer eines Begriffspaars*, München 2001, S. 114.

145 Simone Weil, *Cahiers / Aufzeichnungen 3*, München / Wien 1996, S. 245.

146 Ernst Bloch, *Spuren*, Frankfurt a. M. 1985, S. 97.

147 Friedrich Nietzsche, *Nachgelassene Fragmente Früh-*

jahr-Sommer 1888, Frgm. 16 [40 ‹7›], in: KSA [Colli/Montinari], Bd. 13, 500. 5 ff.

148 Clément Rosset, *Das Prinzip Grausamkeit*, Berlin 1994, S. 22.

149 Martin Heidegger, *Hebel der Hausfreund*, Pfullingen 1991 (Sechste Auflage), S. 13.

150 Peter Handke, *Die Stunde der wahren Empfindung*, Frankfurt a. M. 1978, S. 66 (Zitat grammatikalisch modifiziert).

151 Karl Jaspers, *Vom Ursprung und Ziel der Geschichte*, München 1966, S. 198.

152 Elisabeth Bronfen, »Das Lachen Kundrys«, in: Elisabeth Bronfen / Eric Santner / Slavoj Žižek, *Enden sah ich die Welt. Wagner und die Philosophie in der Oper*, Wien 1999, S. 48.

153 Ludwig Hohl, *Die Notizen oder Von der unvoreiligen Versöhnung*, Berlin 2014, S. 318.

154 Jacques Derrida, *Was tun – mit der Frage »Was tun«?*, Wien 2018, S. 30.

155 E. M. Cioran, *Vom Nachteil, geboren zu sein*, Frankfurt a. M. 1979, S. 13.

156 Peter Handke, *Versuch über den geglückten Tag*, Frankfurt a. M. 1994, S. 74 (grammatikalisch modifiziert).

157 Immanuel Kant, *Metaphysik der Sitten*, Hamburg 1966, S. 290 f. (Anmerkung).

158 Immanuel Kant, *Träume eines Geistersehers*, in ders., Werke in zwölf Bänden, Band 2, Frankfurt a. M. 1977, S. 923.

159 Susan Sontag, »Der Anthropologe als Held«, in dies., *Kunst und Antikunst. 24 literarische Analysen*, a. a. O., S. 122.

160 Franz Kafka, »Die Brücke«, in ders., *Nachgelassene Texte und Fragmente I*, Frankfurt a. M. 1993, S. 304 f.

161 Fernando Pessoa, *Das Buch der Unruhe des Hilfsbuchhalters Bernardo Soares*, Frankfurt a. M. 1996, S. 140.

162 Vgl. Karl Heinz Bohrer, *Ekstasen der Zeit. Augenblick. Gegenwart. Erinnerung,* München 2003, S. 56 ff.

163 Gilles Deleuze, *Unterhandlungen 1972–1990,* Frankfurt a. M. 1993, S. 146.

164 Ebd., S. 148.

165 Michel Foucault, *Das giftige Herz der Dinge. Gespräch mit Claude Bonnefoy,* Zürich 2012, S. 30 ff.

166 Roland Barthes, *Die Vorbereitung des Romans,* Vorlesung am Collège de France 1978–1979 und 1979–1980, Frankfurt a. M. 2008, S. 362.

167 Unseld Briefwechsel, S. 720 ebook.

168 Hans-Georg Gadamer, *Hermeneutik I: Wahrheit und Methode. Grundzüge einer philosophischen Hermeneutik,* GW, Band 1, Tübingen 1990, S. 311.

169 Vgl. Georges Didi-Huberman, *Ninfa moderna. Über den Fall des Faltenwurfs,* Zürich / Berlin 2006, S. 108 ff.

170 Antonio Negri, *Rückkehr. Alphabet eines bewegten Lebens,* Frankfurt a. M. 2003, S. 130.

171 Ebd., S. 164.

172 Ossip Mandelstam, *Die ägyptische Briefmarke,* Frankfurt a. M. 1965, S. 153.

173 Susan Sontag, *Ich schreibe, um herauszufinden, was ich denke. Tagebücher 1964–1980,* München 2013, S. 152. Vgl. Marcus Steinweg, *Metaphysik der Leere,* Berlin 2020, S. 56 f.

174 Susan Sontag, *Über Fotografie,* Frankfurt a. M. 2016, S. 46.

175 Jacques Lacan, *Meine Lehre,* Wien 2008, S. 29.

176 Jean-Luc Nancy, *Sexistenz,* Zürich 2019, S. 77.

177 Martin Heidegger / Heinrich Rickert, *Briefe 1912–1933,* hrsg. von Alfred Denker, Frankfurt a. M. 2002, S. 15.

178 Vgl. Max Scheler, *Das Ressentiment im Aufbau der Moralen,* Frankfurt a. M. 1978, S. 62 ff.

179 Agnes Martin, *Writings,* Ostfildern 1991, S. 53.

180 Roland Barthes, *Fragmente einer Sprache der Liebe,* Frankfurt a. M. 1984, S. 64.

181 Etel Adnan / Laure Adler, *Die Schönheit des Lichts. Gespräche*, Zürich 2023, S. 63.

182 Bernhard Waldenfels, *Hyperphänomene. Modi hyperbolischer Erfahrung*, Berlin 2012, S. 36.

183 Hans Blumenberg, *Die Sorge geht über den Fluß*, Frankfurt a. M. 1987, S. 83.

184 Henri Bergson, *Das Lachen. Ein Essay über die Bedeutung des Komischen*, Darmstadt 1988, S. 26.

185 Pierre Klossowski, *Nietzsche und der Circulus vitiosus deus*, München 1986, S. 145.

186 Kostas Axelos, *Notices »autobiographiques«*, Paris 1997, S. 16 (meine Übersetzung).

187 August Strindberg, »Was ist die ›Moderne‹?«, in ders., *Verwirrte Sinneseindrücke. Schriften zu Malerei, Fotografie und Naturwissenschaften*, Dresden 1998, S. 47.

188 Franz Kafka, »Weitere Aphorismen und Fragmente aus Oktavheften, Tagebüchern und anderen Entstehungszusammenhängen«, in ders., *Sämtliche Werke*, Frankfurt a. M. 2008, S. 1387.

189 Dieter Henrich, *Fixpunkte. Abhandlungen und Essays zur Theorie der Kunst*, Frankfurt a. M. 2003, S. 296.

190 Vgl. Gilles Deleuze, »Brief an Uno über die Sprache«, in ders., *Schizophrenie & Gesellschaft. Texte und Gespräche 1975–1995*, a. a. O., S. 191.

191 Giorgio Agamben, »Die absolute Immanenz«, in ders., *Bartleby oder die Kontingenz gefolgt von Die absolute Immanenz*, Berlin 1998, S. 126 f.

192 Giorgio Agamben, *Geschmack*, Leipzig 2020, S. 69.

Erste Auflage Berlin 2025
Copyright © 2025
MSB Matthes & Seitz Berlin
Verlagsgesellschaft mbH
Großbeerenstr. 57A | 10965 Berlin
info@matthes-seitz-berlin.de
Alle Rechte vorbehalten.
Satz: psb, Berlin
Druck und Bindung: Art-Druk, Sczeczin
Umschlaggestaltung nach einer Idee von
Pierre Faucheux
ISBN 978-3-7518-3038-6
www.matthes-seitz-berlin.de